유엔과 기업의 사회적 책임

유엔글로벌콤팩트 한국협회 / 연구센터

유엔글로벌콤팩트 한국협회/연구센터
유엔과 기업의 사회적 책임

초판 1쇄 인쇄 2012년 2월 29일
초판 1쇄 발행 2012년 3월 5일

저 자 유엔글로벌콤팩트 한국협회/연구센터
펴낸이 이진숙
기 획 이성환, 이창호
디자인 김화현

펴낸곳 (주)디프넷 도서출판 이안에
주 소 서울 중구 수표로 6길 1, 금룡빌딩 502호
전 화 02-2264-1116
팩 스 02-2264-2116
이메일 difnet@difnet.co.kr

등록번호 제2002-50호
등록일자 2004.3.25

ⓒ(주)디프넷, 2012. printed in Seoul, Korea
ISBN 978-89-94574-08-0

책 가격은 뒷표지에 있습니다.
저작권법에 의하여 한국내에서 보호를 받는 저작물이므로 무단 전재와 복제를 금합니다.

유엔과 기업의 사회적 책임

유엔글로벌콤팩트 한국협회 / 연구센터

" 유엔글로벌콤팩트,
  세상을 바꾸는 기업 경영 전략 "

추/천/사

Georg Kell(유엔글로벌콤팩트 사무국장)

유엔글로벌콤팩트는 기업들이 자발적으로 경영과 전략에 인권, 노동, 환경, 반부패 분야에서 보편적으로 인정된 원칙을 통합시키고, 유엔 새천년개발목표(MDGs, Millennium Development Goals)와 같은 유엔의 목표를 지지하는 행동을 할 것을 촉구합니다. 이렇게 함으로서 기업들은 시장이 경제와 사회에 이익을 주는 방향으로 진행되도록 도울 수 있을 것입니다. CEO의 선언으로 참여하는 유엔글로벌콤팩트는 책임있는 기업 정책과 활동의 발전, 이행 및 공개를 위한 리더십 플랫폼입니다.

2000년에 설립된 이래로 유엔글로벌콤팩트는 140여 개 국에서 6,000개 이상의 기업으로 이루어진 세계에서 가장 큰 기업 책임 이니셔티브로 성장하였습니다. 글로벌 이니셔티브를 운영하기 위해서, 보편적인 원칙을 지역적 상황에 맞게 적용하는 지역적 운영이 유엔글로벌콤팩트의 핵심사업이 되었습니다.

'로컬 네트워크'라는 개념은, 이해관계자들이 UNGC 원칙의 이행 방법에 대한 초기의 경험과 아이디어를 공유하며 10대 원칙 추진에 대한 새로운 의지에 대해 논의하기 위해 자연스럽게 국가 차원에서 참여하기 시작한 2001년에 나오게 되었습니다. 10년이 지난 지금, 전세계적으로 90개가 넘는 네트워크가 생겨났습니다. 유엔글로벌콤팩트 한국협회는 책임있는 비즈니스 관행을 주류화하는 전세계적인 노력에 동참하고 있으며, 학습과 대화의 장을 제공하고 유엔 목표의 지원을 위해 구체적인 행동을 도

모하고 있습니다.

　　2007년에 설립되었음에도 유엔글로벌콤팩트 한국협회는 인상 깊은 성장을 보여주었습니다. 2007년 9월 서울에서 개최되었던 한국협회 창립식에 참가했던 것을 생생하게 기억하고 있습니다. 이 창립식에 모인 비즈니스 리더, 국가 공무원, 시민사회 대표, 사회에 영향력 있는 학자들은 유엔글로벌콤팩트 원칙을 추진하기 위한 의지를 열성적으로 공유하였습니다. 매년 한국을 방문할 때마다 한국협회의 질적·양적인 성장을 목도하며, 본인은 한국의 기업 리더들이 갖고 있는 유엔글로벌콤팩트에 대한 진정성에 감사하고 있습니다. 단지 4년 만에, 유엔글로벌콤팩트 한국협회는 다국적 기업을 포함하여 200개가 넘는 기업 및 단체 회원이 참여하는 세계에서 가장 강력한 네트워크로 성장하였으며, 유엔글로벌콤팩트 원칙을 한국뿐만 아니라 동아시아 지역에도 전파하는 중요한 역할을 하고 있습니다.

　　유엔글로벌콤팩트 한국협회가 편집한 "유엔과 기업의 사회적 책임"의 출간을 기쁘게 생각하고, 유엔글로벌콤팩트 원칙과 활동이 어떻게 한국의 비즈니스 환경에 잘 적용될 수 있는지를 설명하는 글들을 모은 데 대해 주철기 사무총장님과 협회 사무처 직원들에게 축하의 말씀을 전합니다. 이 책이 기업의 책임성 우선순위를 확인하고, 한국의 기업들이 전략과 운영에 비재무적 이슈들을 통합시킬 수 있도록 돕는 실용적인 자료가 되기를 희망합니다.

The UN Global Compact is a call to companies everywhere to (1) voluntarily align their operations and strategies with ten universally accepted principles in the areas of human rights, labour, environment and anti-corruption, and (2) take actions in support of UN goals, including the Millennium Development Goals. By doing so, business can help ensure that markets advance in ways that benefit economies and societies everywhere. Endorsed by chief executives, the UN Global Compact is a leadership platform for the development, implementation and disclosure of responsible corporate policies and practices.

Since its launch in 2000, the UN Global Compact has grown into the largest corporate responsibility initiative in the world – with over 6,000 companies based in more than 135 countries. To manage a truly global initiative, local operations have become the lifeline of the Global Compact – translating universal principles into local actions that support global priorities and address needs on the ground.

The concept of "local networks" emerged organically early, in 2001, as stakeholders naturally began to join together at the country level to discuss their new commitments to advance the ten principles – sharing early experiences and ideas about how to take relevant actions. Ten years on, there are over 90 established and emerging Global Compact Local Networks(GCLNs). The Global Compact Korea Network(GCKN) joins these global efforts to mainstream responsible business practices, providing an avenue for learning and dialogue and inspiring concrete actions in support of UN goals.

The growth of the GCKN is impressive as it was only established in 2007. I vividly remember participating in the launch of the Global Compact Korea Network(GCKN) which took place in Seoul in September 2007. Business leaders, government officials, civil society representatives, and influential academics shared enthusiastically their commitments to advancing the Global Compact principles. By witnessing the quantitative and qualitative growth of the GCKN every year I visit Korea, I appreciate how serious these leaders have taken their commitments to the UN Global Compact. In only four years, the GCKN has grown into one of the strongest Networks in the world with nearly 200 participants, including some of the largest multinationals, and has become an important vehicle for spreading the principles of the Global Compact not only in Korea, but throughout the Northeast Asian region.

It is with my great pleasure to see the publication of "*UN and CSR*" edited by the Global Compact Korea Network, and I congratulate Ambassador Ju Chul-ki and his colleagues for putting together this impressive collection of essays explaining how the Global Compact principles and activities can be better contextualized to the Korean business community. I hope this book will serve as a practical resource in identifying corporate responsibility priorities and helping Korean businesses fully integrate non-financial issues into their strategies and operations.

서/장

주철기 (유엔글로벌콤팩트 한국협회 사무총장)

　　금번 유엔글로벌콤팩트에 관한 책을 처음으로 출판하게 된 것을 기쁘게 생각합니다. 유엔글로벌콤팩트 운동이 출범한지 10년이 지났고, 한국에서 이를 본격적으로 시작한지도 이제 4년이 되었습니다. 이제 유엔글로벌콤팩트는 국제적으로 새로운 10년을 향한 새로운 거보를 내딛고 있습니다. 우리 한국협회도 태동기를 지나서 이제 새로운 도약을 시작하고 있습니다. 이러한 시점에서 그간 유엔글로벌콤팩트 운동을 지지하며 참여해 온 여러 전문가들의 글을 모아 유엔글로벌콤팩트와 사회책임에 관한 개설서를 내게 되었습니다. 서문을 써주신 Georg Kell 유엔글로벌콤팩트 사무국장님, 이승한 한국협회 회장님, 남승우 고문님, 조동성 교수님 등 여러분과 귀한 분야별 글을 제공한 여러 전문가 분들께 깊은 감사를 드립니다.

　　국제적으로 사회책임 특히, 기업의 사회책임은 자본주의 시장경제의 확실한 축으로 자리 매김하고 있습니다. 인권과 노동, 환경기준의 준수와 부패의 방지는 글로벌 시대의 모든 기업이 마땅히 추진해야 하는 가치입니다. 유엔은 2010년 '기업지속가능성 리더십 청사진 *Blueprint for Corporate Sustainability Leadership*'을 발표하고 유엔과 기업이 손을 잡고 보다 나은 세계를 만드는데 동참하기를 바라고 있습니다. 요즘 들어 우리기업들이 왕성히 나서고 있는 사회공헌 활동은 유엔의 MDGs 유엔새천년개발목표와도 직접 연결되는 일입니다. UNGC 한국협회는 우리나라에서 유엔글로벌콤팩트가 표방하는 상기 4대 부문의 10대 원칙이 우리기업은 물론 사회전반의 주류가치가

되도록 추진한다는 원대한 목표를 갖고 있습니다. 사회 책임을 사회전반에 정착시키고 나아가서는 민주주의와 경제발전 그리고 사회적 가치의 이행에서도 선진화를 이룬 우리의 경험을 국제사회와도 나누겠다는 목적도 키우고 있습니다. 서구국가 중심으로 개발된 사회책임 논리를 수용하되 우리의 전통적 가치와도 접목시킴으로써 국제사회의 바람직한 발전에 기여한다는 것입니다.

   그러기 위해서는 우리의 경험과 실력을 배양하여 국제적인 사회책임기준 마련에 열심히 참여하여야 하겠습니다. 자라나는 젊은 세대들을 잘 교양하고 이들의 에너지를 결집하여 사회책임의 확산과 이행에 기여하는 일도 중요합니다. 아무쪼록 이 책자가 그러한 사회적 대화를 촉발하는 데 기여하기를 바랍니다. 그리고 한국사회를 보다 정의롭고 공정하며 더 배려하는 사회로 만드는 이 모든 일에 독자 여러분의 활발한 참여를 부탁드립니다.

목/차

+ 추천사 • 4
+ 서장 • 8

제1부 기업의 사회적 책임과 유엔 • 15

    1. 기업의 사회적 책임(CSR)의 의미와 역할 • 17
    2. 유엔글로벌콤팩트의 발전과 미래방향 • 22
    3. 유엔글로벌콤팩트의 이니셔티브들 • 35
    4. 사회감사 이니셔티브들(Social Auditing) • 41
    5. 사회책임투자 지수(SRI Indexes) • 46
    6. 다른 기관들의 활동 • 48
    7. CSR 이니셔티브의 한계와 전망 • 50

제2부 유엔글로벌콤팩트란? • 53

  제1장 유엔글로벌콤팩트 4대부문 10대 원칙 • 55

    1. 인권 • 55
    2. 노동 • 74
    3. 환경 • 81
    4. 반부패 운동과 제10원칙 • 96

  제2장 유엔글로벌콤팩트의 조직 • 107

    1. 유엔글로벌콤팩트 본부의 구조 • 107
    2. 유엔글로벌콤팩트 로컬 네트워크 • 110

제3장 유엔글로벌콤팩트 이니셔티브 • 112

    1. 책임투자원칙(UN PRI, Principles for Responsible Investment) • 112

    2. 유엔책임경영교육원칙(UN PRME) • 121

제4장 유엔글로벌콤팩트와 새천년개발목표(MDGs) • 128

    1. 2000년, 유엔글로벌콤팩트의 발족과 새천년개발목표(Millennium Development Goals, MDGs)의 수립 • 128

    2. 개발의 새로운 장, 유엔글로벌콤팩트 • 130

    3. 새천년개발목표에 대한 기업 공헌의 동향 • 131

    4. 새천년개발목표에 대한 유엔글로벌콤팩트 회원의 참여 • 134

    5. 글로벌콤팩트 발족 10년 후, "개발을 위한 글로벌콤팩트" 강조 • 138

    6. 유엔글로벌콤팩트의 부산세계개발원조총회 참여 • 139

    7. 결론 • 142

제3부 기업 지속가능성의 동향과 과제 • 145

제1장 유엔글로벌콤팩트와 ISO 26000의 관계 • 147

    1. 유엔글로벌콤팩트와 ISO 26000의 연관성 • 149

    2. 결론 • 156

제2장 기업의 사회적 책임(CSR)의 흐름 • 160

 1. 주변에서 중심으로 • 162

 2. 나홀로 CSR에서 다같이 CSR로 • 164

 3. 일방향 CSR에서 쌍방향 CSR로 : 투명성에 대한 요구 증대
  • 169

제4부 지속가능성 보고서 • 173

 제1장 COP와 지속가능보고서 • 175

  1. COP의 의미 • 176

  2. COP의 필수 요소 • 178

  3. 과정과 소통으로서의 COP • 183

 제2장 COP 작성하기 • 185

  1. COP 경영보고서 • 185

  2. COP 작성단계 • 186

  3. COP 작성의 기대효과 • 191

  4. COP 작성 과제 • 193

제5부 한국과 유엔글로벌콤팩트

 : 유엔글로벌콤팩트 한국협회 이야기 • 195

제1장 유엔글로벌콤팩트 한국협회의 활동 : CSR의 주류화를 위한
여정 • 197

   1. 유엔글로벌콤팩트 리더스 포럼(UNGC Leaders Forum) • 199

   2. COP 워크숍 • 200

   3. 반기문 유엔사무총장을 위한 간담회 • 202

   4. 유엔글로벌콤팩트 봉사자 활동 • 203

제2장 CSR 촉진 동북아 신협력 패러다임

   : 한·중·일 글로벌콤팩트 라운드테이블 컨퍼런스 • 205

제3장 CSR 주요 국제 회의 • 209

   1. 상황의 변화 : '아시아에서의 지속가능한 경제를 위하여'
      국제 회의 • 209

   2. 2010 B4E(Business for Environment), '환경을 위한
      글로벌 기업 정상회의' • 211

   3. 국내 최초의 CSR 국제회의, Global CSR Conference 2011
      • 214

제4장 앞으로의 계획 : Deepening and Widening • 219

제6부 자본주의 4.0시대와 CSR의 미래 • 221

+ 주석 및 참고문헌 • 233

제1부
기업의 사회적 책임과 유엔

| 제 1 부 |

기업의 사회적 책임과 유엔*

1. 기업의 사회적 책임(CSR)의 의미와 역할

　기업의 사회적 책임*Corporate Social Responsibility, CSR*을 장려하는 추세는 현대 자본주의 발전의 역사에서 비교적 새로운 현상이다. 1970년대 이래 자본주의의 발전 과정에서 소비자를 포함한 시민사회의 발전으로 기업의 사회적 책임 문제가 조금씩 더 강조되기 시작했다. 원래 CSR 운동은 유럽지역에서 시작되었다. 특히 사회운동의 전통이 남아있는 영국 같은 나라에서 종교 펀드들은 윤리적 침해가 없는 기업들에 대한 투자를 선호하였다. 심지어 영국정부는 2000년 사회책임 연기금 펀드에 대한 법을 제정하였다. 유럽 사회운동의 강력한 전통이 CSR을 유럽 전역에 점진적으로 보급하도록 도왔다.

　미국에서의 CSR은 20세기 초 음주 반대 및 마약 반대 캠페인으로부터 시작되었다. 또한 CSR은 당시 남아프리카공화국의 인종차별정권에 대한

---

* 작성자_ 주철기(유엔글로벌콤팩트 한국협회 사무총장)

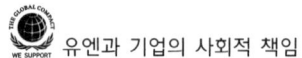 유엔과 기업의 사회적 책임

항쟁과 압력의 수단으로서 개발되었으며, 실제로 남아프리카공화국 정부와 기업들의 인종차별에 대항하는 광범위한 캠페인이 조직되었다. 미국의 종교 펀드들은 인권에 대한 기본적 원칙을 침해하는 사회적으로 부적합한 기업에 투자하지 않음으로써 그 영향력을 행사하였다.

그런 가운데, 엑손 발데즈 선박 좌초로 인한 해양 환경의 대형 오염사건, 인도 보팔의 화학공장 오염사건 등이 기업의 사회적 책임을 강조하는 계기가 되었다. 특히 1992년 Rio 유엔환경개발회의 이후에는 환경이슈에 보다 많은 관심이 집중되었으며, 환경촉진주의자들은 환경적 관심을 고려하지 않는 비즈니스 모델에 기반한 기업에 투자하지 않도록 투자자들에게 영향력을 행사해 왔다. 건전한 투자처를 바라는 각국 연금기관 등 펀드들도 기업의 환경 존중 등 사회적 책임을 유도하는 중요한 요인이 되었다.

이와 같은 상황은 자본주의의 발전과정과 무관하지 않다. 앞선 1960년대에 밀턴 프리드먼 같은 주류 경제학자는 자유경제 지상주의자적의 관점에서 기업은 투자자나 주주만을 만족시키면 되며, 그 이외의 모든 것은 비즈니스와 무관한 것으로 주장하였으나[1], 시대가 변하여 1970년대 이후에 들어오면서 사회책임의 개념이 발전하게 되었던 것이다. 사회적 책임 $social\ responsibility$ 이란 기업이 이해관계자 $stakeholders$ 들이 바라는 경제적, 법적, 윤리적 책임들을 완수하는데 전략적 초점을 맞추는 것을 의미한다고 할 수 있다.[2] 글로벌사회가 발전하는 가운데, 영국, 미국 등 서구의 시민사회를 중심으로 경제적, 사회적 정의의 구현 문제가 부각되면서 주요 사회구성원들은 세계교회를 포함, 사회적 책임을 더 강조하게 되었으며,[3] 특히 경제, 사회 활동의 주체인 기업의 사회적 책임 구현의 필요성이 본격적으로 강조되어왔던 것이다.[4] 아울러 힘이 점차 커진 정부연금기관 등 기관투자자들도 중장기적으로 투자하기에 적합한 투자처를 물색하는데 있어 사회적 물의의 대상이 되지 않는 좋은 기업에 대한 투자를 선호하게 되었고, 그러한 과정에서 사회적 책임을 잘 이행하는 기업의 중요성이 한층 강조되었다. 소비자들의 자각, 떠오르는 시민사회와 성장하는 대중의 등장은 전체적으로 기업들의 성과를 측정하는데 있어서 과거에는 오로지 재무적 결과로만 평가 받던 기업들에 대해서 비재무적 성과에 대한 평가에도 중요성을 부여하도록 영향을 미쳐왔다.

또 다른 측면은 부패에 대한 투쟁의 중요성이다. 일반대중의 자각과 민주주의에 익숙한 중산층의 성장이 있기 전까지 부패는 피할 수 없는 고질병으로 받아들여졌다. 그러나 현재 일반대중은 부패한 정부관료와 기업인들의 부패행위에 관용을 베푸는 것을 못마땅히 여긴다. 사람들은 정치지도자, 정부관료, 경제 및 사회분야 지도자들에게 보다 높은 기준을 요구하고 있다. 따라서 이들에게 보다 높은 청렴성이 요구되고 있으며, 기업의 투명성과 윤리기준은 기업의 성과를 측정하는데 중요한 잣대가 되고 있다. 이러한 추세는 비단 선진국에서뿐만 아니라 아시아를 포함하여 보다 많은 나라에서 일어나고 있다. 민주화가 진전될수록 보다 많은 사회적 책임의 요

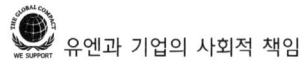
유엔과 기업의 사회적 책임

구가 생기며, 이로서 그 사회는 CSR의 가치를 보다 쉽게 받아들이게 된다.

한편 지속가능성이란 용어가 1980년대 초 유엔의 부른트란트 위원회 Brundtland Commission에서 제기된 이래 기업경영의 측면에서도 지속가능경영의 개념이 보편적으로 사용되어 왔다. 인권이나 환경 침해에 대한 책임이 각별히 강조되었던 가운데, 1992년 브라질 리오데자네이루에서 개최된 유엔환경개발회의 이후에는 기후변화 대응을 위한 녹색전략 존재 여부도 기업의 중요 척도로 강조되기 시작했다. 과거 조용했던 이해관계자에 의한 소위 사회적 감사 Social Audit가 강화되기 시작한 것이다.

오늘날 지속가능경영은 환경요소를 중심으로 인권, 노동권, 부패 등 사회문제에 걸쳐 기업이 당면할 수 있는 제반 위험요인을 진단하고, 개선함으로써 꾸준한 성장발전을 지향하는 의미로 쓰여왔다. 세계 경제위기들을 거치며 기업 스스로 변화의 상황에 주목하고 부단한 혁신과 적응을 하지 않았던 많은 기업들은 도태되고 말았던 사례가 많다. 글로벌경쟁의 시대 속에서, 기업은 단기적 이익과 시장점유율의 성과뿐만 아니라, 소비자 등 이해관계자들이 중시하는 사회적 가치를 십분 고려해야 하는 등 재무적 가치와 비재무적 가치의 융합의 시기적 도전에 직면하고 있다. 현재 시장에서의 성과가 크다고 하여 자만하거나, 투명성과 책임성이 부족한 경영으로 일관하는 경우 어느날 갑자기 국내외의 사회적 비판에 몰리게 되어 추락하는 사례가 나오고 있다. 2001년경 터져 나온 회계부정으로 큰 물의를 빚은 미국의 엔론사$^{Enron\ Corporation}$와 이를 방조한 아서 앤더슨$^{Arthar\ Andersen}$ 회계법인의 파산 사건이 있었고, 월드콤^{WorldCom}, 글로벌 크로싱$^{Global\ Crossing}$과 같은 문제의 회사들이 나타났다. 미국 의회는 이에 대한 대응으로 Sarbanes-Oxley법을 제정하여 기업의 윤리성 등 거버넌스 문제를 다루도록 하였다.

2008년 금융위기를 가져온 미국 등 일부 투자 은행사들의 과도한 수익 추구의 여파로 인한 몰락은 또 다른 예이다. 이에 대해 Georg Kell 유엔글로벌콤팩트 사무국장은 "금융위기에 의해 촉발되어, 포괄적 위기관리, 장기적 성과 및 윤리성의 이슈가 빠르게 적절성과 중요성을 얻고 있다. 시장에서의 자신감과 신뢰의 회복은 장기적인 지속 가능한 가치창출로의 전환을 요구할 것이다. 그리고 기업의 책임은 반드시 이러한 목적에 이르는 수단이 될 것이다."[5]라고 일갈했다. 최근에는 최우량기업인 도요타사가 투명성문제로 곤욕을 치렀으며, 세계 굴지의 에너지기업 BP사는 해양오염 대형사고 한 건으로 인해 주저앉아야 했다. 글로벌시대 미디어와 소통수단의 급속한 발전에 따라 이제 기업은 ESG$^{환경,\ 사회,\ 지배구조}$등 제반 분야에서 좋은 경영을 하여 존경을 받지 않으면 지속 성장이 정말 어렵게 될 것이다.

한편 기업이 사회적 책임을 다할 때 얻을 수 있는 이점으로는 우선 소비자와 종업원 등 이해관계자로부터 얻을 수 있는 신뢰와 고객의 만족도 향상, 회사에 대한 종업원의 자발적 충성도 제고, 회사의 투명성과 책임성에 대한 투자자들의 신뢰로 인한 지속적인 투자의 확보 등을 들 수 있다. 사회

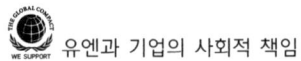 유엔과 기업의 사회적 책임

책임경영은 또한 투자, 자산증식, 판매성장 등에 긍정적인 기여를 한다는 것이 여러 가지 실증적인 사례들로서 입증되고 있다.[6]

이처럼 기업의 사회책임[CSR]이 점차 중요한 위치를 점하고 있으나, 아직까지 세계경제의 핵심 가치가 되었다고 단정하기에는 이르다. 그러나 사람들의 점진적인 사고 방식 변화에 따라, CSR과 유엔글로벌콤팩트는 점차 사회의 주류 원칙으로 보급될 것이고, 세계 경제의 중심적 위치를 차지하게 될 것이며, 다가올 10년의 주요 이슈가 될 것이다. 따라서 CSR/ESG[환경, 사회, 지배구조]의 주역들은 이러한 가치를 더 널리 보급시키기 위해 협력해야 하며 다양한 CSR 이니셔티브를 보다 좋은 방식으로 조화시킬 필요가 있다. 유엔글로벌콤팩트 같은 이니셔티브와 PRI[책임투자원칙]가 주도하는 SRI[사회책임투자]는 보다 많은 투자자와 기업들이 CSR에 참여하는데 중요한 역할을 할 것이다.

2. 유엔글로벌콤팩트의 발전과 미래방향

1) 유엔과 기업간 관계의 발전

1945년 유엔의 발족 이후, 다수 신흥 개발도상국들이 유엔에 참여하면서, 1973년 말 개발도상국의 이익을 중시한 신국제경제질서[NIEO, New International Economic Order]가 제6회 유엔 특별총회에서 인정되었다. 이후 유엔은 유엔

경제사회 이사회^{ECOSOC} 총회, 제2위원회, 유엔무역개발회의^{UNCTAD} 등을 통해 다국적 기업을 통제하는 규범을 만들고자 하였으나, 이러한 시도는 결국 실패로 돌아가고 말았다. 기업이 국제투자와 무역을 창출하는 자유경제의 핵심임을 간과한 탓이었다. 유엔은 전후 국제 정치, 안보면에서 많은 업적을 이루었다. 하지만 국제경제의 거버넌스 측면에서는 유엔이 토론의 장은 되었으나 실질적으로 큰 기여는 하지 못했고, 대신 IMF와 World Bank로 대변되는 브레튼우즈 체제가 국제 경제 논의를 주도해 왔었다. 1975년 플라자 합의부터는 G5 체제가 이를 보완해 왔다. 이러한 상황이었기에 유엔과 기업간 협력관계는 더 이상 발전할 수 없었고, 주로 유엔과 회원국 정부만으로 정치, 경제, 사회 발전에 관한 토의가 이루어져 왔다.

지난 세기 후반에 들어오면서부터는 국제적으로 각국 시민단체^{CSO}나 NGO들의 유엔 참여가 크게 늘고 있다. 예컨대 현재 유엔경제사회국^{DESA}에는 12,000개 이상의 NGO가 등록되어 있고, 유엔경제사회이사회 ^{ECOSOC}에도 3,400여 개의 NGO가 3대 등급별로 등록되어 활동을 하고 있다. 정보통신의 발전과 민주화의 촉진에 따라 시민사회, NGO의 활동이 유엔체제 내 각급기구의 의사 결정에 큰 영향을 미치고 있는 것이다. 국제사회 거버넌스에 정부에 더하여, 시민사회라는 새 요소가 중요해졌다.

그러나 민간부문, 특히 기업은 그 경제적 역량의 중요성에도 불구하고 유엔과의 직접적인 대화 및 협력의 기회가 부족하였다. 그러한 가운데 국

유엔과 기업의 사회적 책임

제 사회에서는 선진국을 중심으로 1980년대 이래 사회적 정의 구현의 문제가 제기되면서 경제, 사회 활동의 주체로서 기업의 사회적 책임 구현의 필요성이 크게 부각되었다. 우선 영국, 미국 등 서구 국가를 중심으로 기업의 사회적 책임이 강조되기 시작했다. 당초 금주, 금연 운동, 인종차별반대 운동 등에서 시작된 사회 책임의 물결은 점차 정부 및 연금 기관 등에도 파급되어, 투자자가 보다 적합한 투자처를 물색하고 사회적 물의의 대상이 되지 않는 좋은 기업에 투자를 하자는 운동으로 이어졌으며, 그러한 맥락에서 기업의 사회적 책임이 강조되었다. 예컨대 아파르트헤이트와 같은 인종 차별 정책을 추진해 온 남아프리카공화국의 기업들이나 보팔 사건, 엑손 발데즈와 같은 환경 오염 사건을 야기한 회사들에 대한 비판뿐만 아니라 이들에 대한 투자나 거래의 지양 등 인권이나 환경에 대한 책임이 더욱 강조되었던 것이다. 1992년 Rio 회의(유엔환경개발회의) 이후에는 기후변화 대응을 위한 녹색전략이 기업에 있어서 중요한 요소로 인식되었다. 기업의 사회적 책임이 국내외적으로, 본격적으로 강조되기 시작한 것이다.

한편 유엔은 1990년대 후반에 '석유식량프로그램 Oil for Food Program' 비리 사건을 거치면서, 개혁과 투명성 제고의 강한 압력을 받았고, Kofi Annan 당시 유엔사무총장은 이에 대한 돌파구로서, 유엔 차원의 '기업의 사회적 책임 CSR' 이니셔티브의 마련을 추진하였고, 기업의 사회적 책임을 강조하는 학계인사 등의 권고를 받아들여, 1999년 1월 다보스 포럼에서 유엔글로벌콤팩트의 창설을 제안하였다. 그 결과 이듬해인 2000년 유엔글로벌

제 1 부 기업의 사회적 책임과 유엔

콤팩트_UN Global Compact_가 뉴욕에서 발족되었다. 이전까지의 유엔은 주로 인도적, 박애주의적 관점에서 유엔과 유엔전문기구, 직속기구 별로 기업과의 케이스별 협력을 발전시켜 왔었다. 유엔글로벌콤팩트가 설립되기 이전이었던 1990년대는 언론재벌 테드 터너_Ted Turner_와 빌 게이츠의 기금 공여 등 개인과의 협력이 주를 이루었다면, 유엔글로벌콤팩트의 창설을 통해 유엔이 본격적으로 세계 기업과 손을 잡고 보다 나은 기업, 보다 좋은 사회, 보다 공평한 세계를 만드는 길에 나서게 된 것이다.

2) 유엔글로벌콤팩트의 대두와 현황

유엔글로벌콤팩트가 최초로 2000년 7월 뉴욕에서 회의를 개최할 때는 불과 47개의 기업 및 단체가 참여했으나, 10여 년이 지난 오늘날에는 전세계 135개국에 걸쳐 6,500여 기업 회원을 비롯하여, 기타 경제 단체, 노동 단체, 학계, 지방자치단체, NGO 등을 포함한 약 9,400여 개 회원이 참여하는 세계 최대의 사회책임 이행 조직이 되었다. 아울러 전세계 90개국에 협회가 조직되어 세계적 네트워크를 형성하고 있다.

유엔글로벌콤팩트는 인권, 노동, 환경, 반부패의 10대 원칙을 기초로 하고 있다. 이들 원칙은 바로 '세계인권선언_The Universal Declaration of Human Rights_과 그 후속 장전들, 'ILO 근로자기본권선언_The International Labour Organization's Declaration on Fundamental Principles and Rights at Work_', '환경과 개발에 관한 리우선언_The_

유엔과 기업의 사회적 책임

2010년 6월 24~25일 뉴욕에서 개최된 'UN Global Compact 리더스 서밋 2010'

Rio Declaration on Environment and Development', '유엔반부패협약The United Nations Convention Against Corruption' 등 유엔의 핵심 규약에 기초하고 있다.

2000년 출범 당시는 인권, 노동, 환경의 3대 부문 9대 원칙만이 있었으나, 2003년 유엔반부패협약이 제정되면서 10번째 원칙으로 반부패 원칙이 추가되었다. 기업들은 이러한 분야에서의 사회적책임 이행을 통해 유엔의 새천년개발목표MDGs와 같은 국제 개발 목표의 달성에도 이바지할 수 있도록 권장받고 있다.

기업이 이러한 10대 원칙을 자사의 경영정책 및 활동에 통합시키고, 그 이행을 선언하면 유엔사무총장의 허가라는 소정의 절차를 거쳐 유엔글로

〈유엔글로벌콤팩트 10대 원칙〉

- 인권 Human Rights
  - |원칙 1| 기업은 국제적으로 선언된 인권 보호를 지지하고 존중해야 한다.
  - |원칙 2| 기업은 인권 침해에 연루되지 않도록 적극 노력한다.

- 노동 Labor
  - |원칙 3| 기업은 결사의 자유와 단체교섭권의 실질적인 인정을 지지하고,
  - |원칙 4| 모든 형태의 강제노동을 배제하며,
  - |원칙 5| 아동노동을 효율적으로 철폐하고,
  - |원칙 6| 고용 및 업무에서 차별을 철폐한다.

- 환경 Environment
  - |원칙 7| 기업은 환경문제에 대한 예방적 접근을 지지하고,
  - |원칙 8| 환경적 책임을 증진하는 조치를 수행하며,
  - |원칙 9| 환경친화적 기술의 개발과 확산을 촉진한다.

- 반부패 Anti-Corruption
  - |원칙 10| 기업은 부당취득 및 뇌물 등을 포함하는 모든 형태의 부패에 반대한다.

벌콤팩트의 회원이 된다. 기업이 스스로 10대 원칙의 이행을 선언하고 이를 기업 경영전략에 도입하여 지속가능한 경영을 실천하는 것이다. 이것이 바로 자발적인 이행을 추구하는 유엔글로벌콤팩트의 장점이라 할 수 있다. 이러한 이행을 자가진단하기 위해 기업은 매년 10대 원칙의 이행보고서

유엔과 기업의 사회적 책임

COP, Communication on Progress를 작성하여 이를 주주는 물론, 소비자, 협력사, 종업원, 지자체, 정부 등 회사 관련 이해관계자들에게 공개하고 유엔에 이를 등재함으로써 투명성을 담보한다. 이미 지속가능보고서를 발간하고 있는 기업들은 보고서를 중복 작성할 필요 없이, 이를 COP$^{이행보고서, Communication on Progress}$로서 제출할 수 있다.

기업은 이러한 사회책임경영전략을 통해 사회적 책임을 소홀히 할 경우 직면할 수도 있는 사업상 위험 요인을 미리 진단하여 시정할 수 있고, 소비자, 공급망 등의 의견을 반영하여 기업 경영을 개선할 수 있으며, 이로써 지속가능한 기업으로 계속 성장해 갈 수 있는 것이다. 유엔글로벌콤팩트 회원 기업이 10대 원칙을 제대로 이행한다면 국제사회로부터 신뢰와 존경을 받는 기업이 될 수 있으며 회사의 평판과 신뢰도가 크게 향상되어 국제적으로 좋은 네트워킹의 기회도 갖게 된다. 또한 기업은 유엔의 목적과 같은 방향으로 기업을 경영함으로서 보다 나은 국제 사회의 구현에도 기여하게 된다.

2007년 반기문 유엔사무총장은 취임 직후부터 유엔글로벌콤팩트를 주요 아젠다로 설정하고 더욱 발전시켜 왔다. 그의 주도하에 유엔글로벌콤팩트는 기후변화에 대응하기 위한 '기후에 대한 배려 이니셔티브$^{C4C, Caring\ for\ Climate}$'를 출범시켰고, 물 관련 기업들간의 협의 체제로 '수자원 관리 책무 이니셔티브$^{Water\ Mandate}$'도 출범시켰다.

2007년 9월에는 유엔글로벌콤팩트가 중심이 되어 연기금 등 사회투자 기관들의 집합체인 UN PRI*Principle for Responsible Investment*를 출범시켰고 이에는 현재 910여 개 투자 기관들이 모여 28조 달러의 자금가동력을 구비하고 있다. PRI 회원사들은 기업 투자에 있어서 재무적인 면뿐 아니라 비재무적인 면, 즉 ESG*환경, 사회, 거버넌스* 이슈를 고려하여 투자를 하고 있다. 최근에는 10대 원칙의 불이행으로 인한 위험요소를 안은 기업들에게 PRI소속 투자 회사들이 연명으로 기업 활동의 개선과 시정을 요구하는 사례도 나오고 있는 상황이다.

같은 시기에 유엔은 사회적 책임경영 교육 이니셔티브로 'PRME*Principle for Responsible Management Education*'도 출범시켰다. 이는 미래의 경영자가 될 경영대학 학생들에게 사회책임경영에 대해 가르치고 학습시키자는 취지로 탄생하였으며 세계 유수 경영대학원 400여 개가 참여하고 있다. 현재 유엔글로벌콤팩트는 각종 유엔 기구 및 세계적 NGO 등과 협조하여 인권, 노동권 창달, 환경/기후변화 대응, 부패 방지에 관한 활동을 전개하며 이해관계자와 기업대표 등으로 구성된 각종 working group을 중심으로 각종 학습 및 벤치마킹의 툴을 개발하여 전세계에 보급하고 있다. 예컨대 2009년 11월 코펜하겐 유엔기후변화협약 당사국 총회*COP15*를 앞두고 기업인들은 기후변화 대응/Post-Kyoto체제의 타결을 촉구하는 내용의 '협상을 타결하라*Seal the Deal*'는 캠페인을 벌이고 각국 정상들 앞으로 기업인 공동명의 성명을 보내는 등 지원활동을 하였다. 오는 2012년 6월에 개최될 Rio+20 정상회의에서도 유엔글로벌콤팩트는 별도의 기업 지속가능 포럼*Corporate Sustain-*

유엔과 기업의 사회적 책임

2010년 6월 23일 뉴욕 주유엔 한국대표부에서 개최된 '한국의 밤'

ability Forum을 개설하여 이러한 노력을 계속 할 예정이다.

유엔글로벌콤팩트는 '세계인권선언', '여성경쟁력강화Women's Empowerment Principles 원칙' 등 여러 분야의 문서를 채택하여 이를 각국 정부 앞으로 보내고 있다. 최근에는 수단 등 분쟁지역의 안정 도모를 위해 유엔 안보-기업 협력이라는 새로운 협력 분야도 개척하고 있다.

2010년 6월 뉴욕의 유엔 본부에서 유엔글로벌콤팩트 기업인 정상회의인 'UNGC 리더스 서밋 2010 UNGC Leaders Summit 2010'이 개최되었다. 여기에서는 유엔글로벌콤팩트가 세계 기업 및 사회의 중심가치로 가는 변곡점 tipping point에 이르렀다고 평가하고, 유엔글로벌콤팩트 원칙의 세계의 주류 가치화를 위해 협력해 나가자는 내용의 뉴욕 선언문을 채택하였다. 아울러 '기업 지속가능을 위한 리더십 청사진 Blueprint for Corporate Sustainability Leadership'을 채

제 1 부 기업의 사회적 책임과 유엔

택하여 앞으로 세계 기업인들이 유엔글로벌콤팩트 원칙의 내재화, MDGs_{유엔새천년개발목표} 등 유엔의 포괄적인 목표와 기업 활동 간의 조율 추진, 그리고 유엔글로벌콤팩트 본부 및 로컬 네트워크 활동에의 적극적인 참여를 도모하여 나가기로 협의하였다.

유엔글로벌콤팩트는 반기문 유엔사무총장의 주도하에 2020년까지 유엔글로벌콤팩트 회원 기업 및 단체를 20,000개로 증가시킨다는 큰 목표

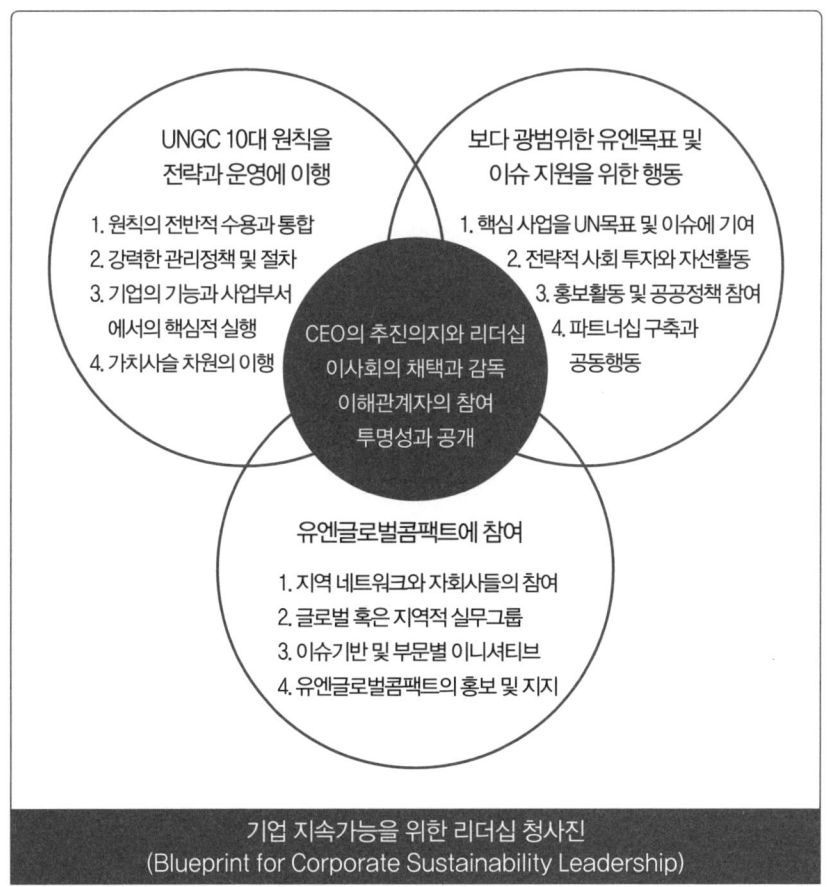

기업 지속가능을 위한 리더십 청사진
(Blueprint for Corporate Sustainability Leadership)

를 제시하였다. 이러한 유엔글로벌콤팩트를 정부의 정책으로 지지하는 국가들이 계속 늘고 있으며, 그간 G-8 정상회의도 기업의 사회적 책임에 대한 지지를 표명해 왔다. 이미 G20 회원국 중 19개국에서 유엔글로벌콤팩트 활동이 활발히 추진되고 있어, 앞으로 G20차원의 이해와 보다 확실한 지지가 기대되고 있다.

3) 한국과 유엔글로벌콤팩트

유엔글로벌콤팩트가 2000년 출범했으나 한국의 경우 그 인지도가 낮았고, 도입하기를 권장하였으나 큰 진전이 없었다. 또한 유엔은 당초 우리나라 전국경제인연합회가 이를 주도해 줄 것을 희망했으나 당시 상황이 여의치 않았다. 아마도 10대 원칙 중 결사의 자유 지지를 포함한 노동 원칙 부분이 다소 걸림돌이 되었을 것이다. 그러나 2007년 4월 이후 한국 내 활동의 조직화가 본격화되었고 2007년 9월 유엔글로벌콤팩트 한국협회가 최초로 창설되었다. 그 이후 꾸준히 발전되어 현재는 상당수 핵심 기업을 포함하여 203개 회원(2012년 1월 현재) 기업 및 단체로 늘어났고 인권, 노동, 환경, 반부패에 관한 각종 심포지움 개최, CEO조찬, 각급 연수회, COP 보고서 작성 워크숍 등을 개최하여 기업의 유엔글로벌콤팩트원칙 이행을 돕고 있다. 현재도 기업의 참여가 꾸준하게 늘고 있다.

2008년 6월에는 유엔글로벌콤팩트, UNEP-FI^{환경}, PRI^{투자원칙}의 3개 기구가 합동으로 서울에서 '상황의 변화, 아시아에서의 지속가능경영'을 주제로 국제회의를 개최하였다. 2009년에는 한국이 주도하여 '한·중·일 글로벌콤팩트 라운드테이블 컨퍼런스'를 개최하고 3개국의 연례 협의체로 발족시켰다. 이 회의는 매년 3개국을 돌아가며 개최되고 있고 2012년에는 한국이 주최할 예정이다. 유엔글로벌콤팩트는 현재 한·중·일 3개국이 공히 받아들이는 가치로서 지역 협력의 유용한 기반이 되고 있다. 한국에서 유엔글로벌콤팩트의 위치는 그 중요성이 서서히 확대되고 있으며, 노사간 대화의 플랫폼으로서의 기능 등 사회적 토의와 의견 수렴 무대로서의 그 위치를 더욱 발전시키고 있다.

반기문 유엔사무총장은 세계 어느 곳을 가든지 시간을 내어 유엔글로벌콤팩트 협회 지역 모임에 참여하고 있으며, 한국에서도 기업 CEO들과

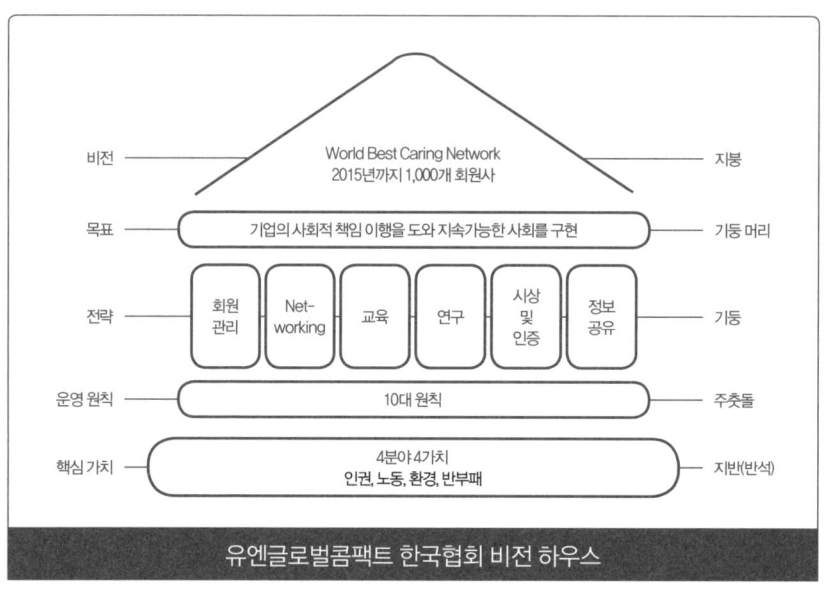

매년 한 번씩 이미 3회의 간담회를 가졌다. 한국의 글로벌콤팩트 참여 회원 단체들은 국제적 조류에 발맞추어 한국 기업의 적응력을 높이고 경쟁력을 고양하기 위한 제반 노력을 진행중이다. 이러한 노력에 힘입어 한국은 유엔글로벌콤팩트의 후발 주자였으나 부지런히 그 위치를 잡아가고 있다. 유엔글로벌콤팩트 한국협회는 2010년 6월 뉴욕에서 개최된 'UNGC 리더스 서밋 2010'에서, 한국 기업인들의 발표가 있었고, 한·중·일 3개국의 151개 기업을 대상으로한 설문 결과를 3개국을 대표하여 발표하였으며, '한국의 밤 Korea Night' 행사를 개최하여 한국의 사회적 책임 이행의지를 부각시킨 바 있다.

또한 한국협회는 2011년 11월에 글로벌 사회책임 국제회의인 Global CSR Conference 2011을 수준높은 규모로 주최하여 한국기업들의 사회책임 경영을 다짐하고, 우수한 사례들을 공유하였으며 서울 선언과 행동계획을 채택하였다. 이 국제회의는 한국이 사회책임 이슈를 중점적으로 추진하는 나라임을 세계적으로 각인시키는 계기가 되었다. 최근 한국사회에서 사회 정의와 공정·공평성·공생 등의 문제가 나라 안팎으로 이슈가 되고 있기에 앞으로 유엔글로벌콤팩트의 가치가 더욱 의미있게 받아들여 질 것으로 기대된다. 왜냐하면 동양적 가치인 상생을 글로벌차원에서 말한다면 바로 기업의 사회책임의 이행문제라고 할 수 있기 때문이다.

한편 한국협회 부설 서울글로벌콤팩트 연구센터는 한·중·일 3개국 기업 서베이 결과를 발표 등 적극적인 조사활동을 하고 있으며 장차 유엔글로벌콤팩트 가치 및 유엔의 목적 이념 이행에 적극 기여한다는 목표로 힘찬 발걸음을 내딛고 있다. 무엇보다 최근에 정의, 공평의 문제 등에 대해 사회적 공감대가 폭넓게 형성되고 있는 만큼 유엔이 표방하는 가치와 우리가 표방하는 사회적 가치가 맞물려 들어갈 수 있도록 유엔글로벌콤팩트의 역할은 그 어느 때보다 중요하다고 할 것이다.

3. 유엔글로벌콤팩트의 이니셔티브들

1) 책임투자원칙(Principle of Responsible Investment, PRI)

사회책임투자분야에서 PRI는 반기문 유엔사무총장의 참석하에 2007년 7월 'UNGC 리더스 서밋 2007'에서 공식적으로 출범했다. PRI는 다음 6개의 원칙을 따른다.

책임투자원칙은 기관투자자들로 구성된 국제단체들이 투자사례에

---

1) 우리는 ESG 이슈들을 투자 분석 및 의사결정에 적극적으로 반영한다. [7]

| 가능한 행동들 |
- 투자정책에 ESG 이슈를 명시한다.
- ESG 이슈 측정과 관련된 방법론 등의 연구를 수행한다.
- 자산운용과 관련된 임직원의 ESG 관련 역량을 평가한다.

- 애널리스트, 컨설턴트, 브로커, 연구소, 평가회사 등의 투자분석에 있어 ESG 이슈를 포함하도록 요구한다.
- 이러한 이슈에 대한 학계 및 연구소 등의 활동을 장려한다.
- 투자전문가들에게 ESG 교육을 장려한다.

2) 우리는 투자철학 및 운용원칙에 ESG 이슈를 통합하는 적극적인 투자가가 된다.

| 가능한 행동들 |
- 책임투자원칙과 일관된 운용정책을 개발, 공표한다.
- 의결권을 행사하거나 의결권 정책 준수를 주시한다.
- 투자대상과의 직접 혹은 간접적인 경영관여(Engagement) 전략을 개발한다.
- 주주권리의 증진, 보호 등과 관련된 방침, 규제, 기타 표준 개발에 참여한다.
- 장기투자 관점에서 ESG 이슈 고려사항의 준수에 대한 주주 결의문을 작성한다.
- 타 기관과의 협력적인 경영관여 이니셔티브에 참여한다.
- 자산운용과 관련된 임직원이 ESG 관련 경영관여 사안에 대해 보고하도록 요구한다.

3) 우리는 우리의 투자대상에게 ESG 이슈들의 정보공개를 요구한다.

| 가능한 행동들 |
- ESG 이슈들에 대하여 GRI(Global Reporting Initiative) 가이드라인 등에 의거한 표준화된 보고를 요구한다.
- 기업 연례보고서에 ESG 이슈들이 통합되고 반영되도록 요구한다.
- 기업들에게 ESG 관련기준의 적용, 준수 등에 관련된 정보를 요구한다(UN Global Compact 준수 상황 등).
- ESG 관련 정보공개 확대에 대한 주주들의 활동이나 결의를 지원한다.

4) 우리는 금융산업의 책임투자원칙 준수와 이행을 위해 노력한다.

| 가능한 행동들 |
- 용역제안요청서(RFP)에 책임투자원칙과 관련된 조건을 포함한다.
- 투자결정, 감독절차, 실적지표, 인센티브 구조를 적절히 일치시킨다.

- 투자자문사 등과 잠재적 ESG 이슈에 대해 논의한다.
- ESG 기대치를 충족하지 못한 경우 투자자문사 등과 재조사한다.
- ESG 통합 벤치마킹 기법을 개발한다.
- 책임투자원칙 이행을 위한 규제 및 정책 개발을 지원한다.

5) 우리는 책임투자원칙의 이행에 있어서 그 효과를 증진시킬 수 있도록 상호 협력한다.

|가능한 행동들|
- 기법, 자료, 투자 보고서, 각종 지식의 공유체계 및 네트워크 구축에 지원 및 협력한다.
- 관련된 최신 이슈들을 총괄적으로 다룬다.
- 협력적 이니셔티브를 개발 및 지지한다.

6) 우리는 책임투자원칙의 이행에 대한 세부활동과 진행사항을 보고한다.

|가능한 행동들|
- ESG 이슈가 투자의사 결정시 어떠한 형태로 반영되었는지 공개한다.
- 의결권 행사와 관련된 행동을 공개한다(의결권 행사, 기업 경영관여, 정책 토론 등).
- 책임투자원칙과 관련하여 투자자문사로부터 요구되는 사안을 공개한다.
- ESG 이슈와 책임투자원칙에 대해 기금 수탁자들과 적극적으로 커뮤니케이션한다.
- "Comply or Explain" 접근을 통해 PRI와 관련된 이행 과정과 그 성과에 대해 보고한다(원칙을 준수하거나 혹은 준수하지 못하는 합당한 이유에 대해 설명함).
- 책임투자원칙의 영향을 측정하기 위해 노력한다.
- 다양한 이해관계자들의 인식 제고를 위해 보고서를 활용한다.

환경, 사회 및 기업지배구조 이슈가 증가하는 연관성을 반영하여 개발하였다. 동 원칙에 서명함으로써 투자자들은 공식적으로 수탁자 책임과 일치되는 원칙을 도입하고 적용하는 것을 천명하는 것이다. 투자자는 또한 일정한 기간에 걸쳐 동 원칙의 내용의 효과를 측정하고 발전시키겠다고 공약해야 한다. 책임투자원칙의 서명자들은 연기금과 같은 자산소유자, 자산관리사 및 전문서비스 기관들이다. 910여 개의 서명기관이 있으며 이들은 명성이 있는 연기금을 포함하여 28조 달러 규모의 달러자산을 운영하고 있다. 한국에서는 현재 13개기관(6개의 투자자산운용사, 5개의 전문서비스 기관, 2개의 자산소유자)이 서명한 상태이다.

2008년 6월에 PRI는 유엔글로벌콤팩트 및 UNEP FI와 함께 서울에서 합동 컨퍼런스 '상황의 변화: 아시아에서의 지속가능경제'를 개최하였다. 여기에서 아시아와 그 이상을 넘어서 ESG 가치를 촉진하자는 서울 선언문이 채택되었다. 향후 책임투자원칙기구 ^{PRI}는 책임투자의 핵심으로서 미래가 밝다. PRI는 사회적 의무감에 기속되지 않고, 책임투자에 보다 많은 투자자가 참여할 수 있도록 사회책임투자보다는 책임투자에 포커스를 맞추었다.[8] "사회"란 용어를 책임투자에서 제외하는 것이 과연 적절한가에 대해서는 의문을 제기할 수 있을 것이다. 결국 책임투자원칙은 기업 투자의 사회적 측면, 다시 말해서 ESG 가치의 추진에서 비롯된 것이기 때문이다.

2) 유엔환경계획/금융 이니셔티브(UNEP Financial Initiatives, UNEP/FI)[9]

유엔환경계획은 금융기관들의 비지니스 운영에 있어서 지속 가능한 발전을 촉진하기 위해서 금융기관들과 함께 유엔환경계획/금융 이니셔티브를 세웠다. 유엔환경계획/금융 이니셔티브는 현재 환경, 지속가능성과 재무적 성과간의 연관성을 촉진하기 위해 170개가 넘는 금융기관 및 회원사들과 함께하고 있다. 이들은 서명기관들에게 국제 컨퍼런스나 행사외에 사례연구, 역량 구축, 행동지향의 출판물 등을 제공한다. 국내에서는 10개의 기업이 서명하였으며, UNEP/FI 한국그룹을 형성하고 있다. 기술한대로 2008년 6월에 서울에서 책임투자원칙과 유엔글로벌콤팩트와 함께 합동 컨퍼런스를 개최한 바 있다.

3) 기후에 대한 배려(Caring for Climate Initiatives, C4C)[10]

이 이니셔티브는 유엔글로벌콤팩트 참가자들을 위해 기후변화대응의 실질적 해결방안을 증진시키고 공공정책과 행동을 조성하기 위한 자발적이고 추가적인 행동 플랫폼이다. 기후변화의 난제와 맞서기 위해서는 초기대응을 필요로 하기 때문에, 유엔글로벌콤팩트, 유엔환경계획, 세계지속가능발전 기업협의회에 의해 소집된 비즈니스와 시민사회 대표들로 구성된 자문그룹은 "Caring for Climate, The Business Leaders Platform"으로 명명된 선언문을 준비했다.

C4C는 비즈니스에 의한 행동선언서이며 정부에 대한 요구이기도 하다. 이는 국가적 이해를 초월하여 기업과 정부에 비즈니스 해결방안을 위한 접촉의 장을 제공한다. 현재의 기후보호선언에는 381개의 유엔글로벌콤팩트 참가자들이 서명하였으며, 기후변화에 대응하는 비즈니스행동을

 유엔과 기업의 사회적 책임

위한 새로운 추진체로서 활동하고 있다.

4) 수자원 관리 책무(The CEO Water Mandate)[11]

이 이니셔티브는 유엔글로벌콤팩트, 스웨덴 정부, 물 관련 기업들, 물 공급과 위생을 관리하는 전문기구들간의 합작 파트너십에서 시작되었다. 2007년 7월 'UNGC 리더스 서밋 2007' 회의에서 출범하였으며, 떠오르는 국제 물 문제에 적극적으로 기여할 수 있는 전략과 해법개발에 중점을 둔 민관 이니셔티브로 기획되었다. 이 이니셔티브에 동참하고자 하는 CEO들은 기업문화와 의사결정시에 전체적인 물 사용의 측정과 물의 지속가능성의 인식 촉진을 실행하겠다고 서약한다. 뿐만 아니라 이러한 서약은 협력업체들에게까지 물 보존 향상을 독려하고 물위기를 분석하고 대응하는 역량을 구축할 것을 권장한다. 따라서 기업의 CEO들은 이러한 참여를 통해 공동 행동을 위해서 시민사회조직과 보다 가까운 관계를 맺을 것이며 정부의 관련 정책과 규칙을 수립하는데 공헌할 것이다.

5) 책임경영 교육원칙(PRME, Principles of Responsible Management Education)[12]

사회적 책임과 지속가능성을 향한 기업의 행동이 의미 있고 영속적인 변화를 추구하기 위해서는 미래의 CEO를 양성하는 비즈니스 교육 학계, 특히 경영대학원들도 반드시 참여하여야 한다. 이를 위해서 교수, 학장들을 포함한 경영교육자들은 유엔사무총장과 유엔글로벌콤팩트의 후원 아래, 책임경영 교육원칙을 적용하기 위해 함께했으며, 현재 세계 400여 개의 비즈니스 스쿨이 이 이니셔티브에 참여하고 있다.

책임경영 교육원칙을 유지하는 6개의 원칙이 있다. 2008년 12월 뉴욕에서 첫번째 국제 컨퍼런스가 열렸으며, 한국은 이미 5개의 비즈니스 스쿨에 합류하였다. 2010년 11월에는 아시아 책임경영 교육원칙 컨퍼런스가 서울에서 열려 아시아 경영대학원들간의 협력체제를 발전시키는 계기를 마련하였다. CSR의 커리큘럼을 완비한 MBA과정에서 좋은 윤리성과 사회적 책임에 대한 성숙된 감각을 가진 미래의 비즈니스 리더들이 배출될 것으로 기대한다.

4. 사회감사 이니셔티브들(Social Auditing)

사회 감사에 대해서는 다음과 같은 정의를 내리고 있다. "재무감사가 금전흐름, 세금목적을 위한 가치의 재무평가와 관리직의 책임과 관련된 모든 시스템에 초점을 두는 반면, 사회 감사는 그들의 내부 및 외부의 영향으로부터의 운영에 있어서의 비재무적 측면을 다룬다. 재무감사가 증권을 발행하는 공개기업에 필수인 반면에 사회감사는 현재 자발적인 과정이다."[13]

사회감사의 표준 중에는 GRI, ISO 표준, AA1000이 가장 잘 알려져 있다.

1) 지속가능성보고서 가이드라인 이니셔티브(Global Reporting Initiative, GRI)[14]

GRI는 CERES^{Coalition for Environmentally Responsible Economics}에 의해 투명하고 신뢰할 수 있는 지속가능성 정보를 위한 조건을 창출하기 위해서 1997년에 만들어졌다. GRI는 세계에서 가장 보편화된 지속가능성 보고 프레임워크로 개발되었고 끊임없이 발전해왔다. 이 프레임워크의 초석은 지속가능성 보고 가이드라인이다. 현재는 GRI G3로 불리는 3번째 버전이 2006년 공개 이후 널리 쓰여지고 있다. 세계의 1,500개 이상의 기업에서 자발적으로 사용되고 있으며, 이 보고의 메카니즘은 기술적 품질, 신뢰성과 관련성의 최고 수준을 보장하기 위한 공감대를 찾는 과정을 통해서 개발되고 더욱 발전하고 있다. 한국에서는 지속가능성 보고서를 발간하는 대부분의 기업0들이 신뢰할 만한 표준으로서 GRI를 참조하고 있다.

2) ISO 14000, ISO 26000[15]

국제표준화기구^{ISO}는 특정한 환경이슈를 다루는 표준을 개발하였는데 그중 ISO 14000 시리즈는 비지니스 활동으로 인한 환경에 미치는 해로운 영향을 최소화하고 기업의 환경 성과가 지속적인 향상을 이루었는지를 다양한 환경관리측면에서 평가하는 것이다. 또한 국제 표준화기구는 사회적 책임에 대한 자발적 지침을 제공하는 도구로서 ISO 26000 표준을 개발해 왔다.

2010년 11월 채택되어 발표된 ISO 26000은 사회적 책임에 가이드라 인을 제공하는 국제표준이다. 이것은 공공기관이나 민간기관, 선진국이나 개발도상국 모든 형태의 조직에서 사용하도록 개발되었다. ISO 26000은 지침서이며, ISO 9001(2000년)이나 ISO 14000(2004년)과 같은 인증서 표준은 아니다. ISO 26000은 비록 강제사항이나 자격요건이 있는 것은 아 니지만, 사회적 책임이 무엇이며, 비즈니스나 기타 조직들이 사회책임 방 향을 위해 무엇을 어떻게 운영해야 하는지 등에 대한 명확한 가이드라인 을 제시하고 있다. 이 지침을 개발하면서 국제표준화기구는 이 지침이 국 제노동기구^{ILO}, 유엔글로벌콤팩트 사무국 및 OECD의 기존 표준과 일치함 을 확증하기 위하여 이들과 공동작업을 하였다. 앞으로 동 표준은 특히 기 업의 사회적 책임에 있어서 상품이나 비즈니스 활동의 적합성을 측정하는 중요한 기초로 쓰여질 것이다. 이것은 조직의 좋은 의도가 올바른 좋은 행 동으로 옮겨지도록 돕는데 강력한 사회적 책임도구가 될 것이다. 유엔글 로벌콤팩트와 ISO 26000은 사회책임의 확산을 위해 상호 협력하고 있다.

3) AA1000[16]

AccountAbility는 1995년에 설립된 글로벌 기구로, 정부, 기업, 비영리 기관 등을 대상으로 기업 책임과 지속가능한 개발 솔루션을 제공하고 있다. 비즈니스, 정부 및 시민 사회 기구를 위한 지속가능성 기준을 수립하고, 영향을 미치는 책임 있는 경쟁력 및 협력적 거버넌스 전략을 발전 가능하게 하여, 비즈니스, 공공 및 시민 기관의 세계적 네트워크로서 역할을 한다. 즉, AA1000 시리즈는 기업들이 보다 책임감 있고 신뢰받을 수 있으며 지속 가능하도록 돕는 것이 핵심적인 역할이다. AA1000 시리즈는 AA1000 Accountability Principle Standard와 the AA1000 Assurances Standard로 구성되어 있다.

4) 적도원칙(Equator Principles)[17]

이것은 프로젝트 금융지원에 있어서 사회 및 환경적인 리스크를 결정하고, 이를 측정·관리하기 위한 금융산업의 표준이다. 이것은 신흥시장에서의 프로젝트와 관련하여 사회 및 환경 이슈들을 처리하기 위한 국제 금융업자들을 돕기 위해서 출범되었다. 적도 원칙을 소개하는데 있어서 World Bank/IFC가 그 중심 역할을 하고 있다. 적도원칙 참여기관*Equator Principles Financial Institutions: EPFI*은 자금이 조달된 프로젝트들이 사회적 책임을 지고 있으며, 건전한 사회 및 환경관리 사례를 반영하였다는 것을 확증하기 위하여 이 원칙들을 수립했다. 따라서 이 원칙들은 프로젝트 금융지원과 관련하여 각 참여기관들이 자체의 내부 및 환경 정책, 절차와 표준에 의해 실행되는 공통적 기준선과 틀로 사용될 의도로 만들어진 것이다. 현재까지 세계적으로 82개의 은행이 적도원칙에 합류하였으며, 한국에는 아직까지 이 이니셔티브에 참여한 은행이 없다.

5) 탄소정보공개 프로젝트(Carbon Disclosure Project, CDP)[18]

탄소정보공개 프로젝트는 투자자, 기업 및 정부가 기후변화를 방지하기 위한 행동을 취하도록 동기를 부여할 수 있는 고품질의 정보를 수집하고 배포하겠다는 사명을 가지고 2000년에 만들어진 투자자 이니셔티브이다. 참가기업들은 탄소배출 및 관리에 대한 정보를 이해관계자나 투자자들에게 제공할 수 있으며 이것은 환경 리스크를 막을 수 있는 한편, 올바른 투자 결정을 원하는 투자자들로부터 투자를 유치하는 데에 도움을 줄 수 있다.

CDP는 71조 달러를 관리하는 551명의 기관투자자들로부터 지원을 받고 있다. 첫번째 정보 요청은 2003년 500대 기업을 대상으로 이루어졌다. 2009년에 CDP는 세계 3,700 대기업에 정보제공을 요청하였고, 2,500개 이상 기업이 온실가스 배출량과 기후변화 대응전략을 공개하고 있다. 한국에서는 2008년 CDP 한국위원회의 발족으로 50개 주요기업을 대상으로 첫번째 조사가 수행되었다. 2009년에는 한국의 100대 기업에 정보를 요청하였으며, CDP 한국보고서는 2009년 10월에 발간된 바 있다.[19] 이후 2010년에는 200개 기업에 정보 공개 요청서가 발송되었다.

5. 사회책임투자 지수(SRI Indexes)

지속 가능한 관리성과와 CSR 성과를 측정하기 위하여 다양한 지표들이 주요시장들에 의해서 개발되었다. 투자자들은 그들의 포트폴리오에 있는 기업들이 새로운 환경과 사회기준을 충족시킨다는 것을 확증하기 위하여 이러한 인덱스들을 이용하고 있다.

1) 다우존스 지속가능성 지수(Dow Jones Sustainability Indexes, DJSI)[20]

1999년 9월 출범한 다우존스 지속가능성 지수*DJSI*는 세계의 지속가능성을 노력하는 선도기업들의 재무 성과를 추적한다. DJSI World는 경제, 환경과 사회적 기준 측면에서 Dow Jones Global Total Stock Market Index의 2,500대 기업들의 성과를 망라한다. DJSI에 따르면 지속가능성 실천기업들은 지속가능성의 가치를 의사결정 프로세스에 통합하고, 지속가능성의 프리즘을 통해서 기회와 위기를 평가하며, 지속가능성에 대한 CEO의 절대적 공약과 함께 선도되고 있으며, 이로써 기업들의 경쟁적 우위를 향상시킨다.[21]

다우존스는 지속가능성이 기업평가의 주류를 이룰 것으로 예상하고 있다. 지금까지 지속가능성 실천 선도기업들은 뒤쳐지는 기업과 비교하여 볼 때 주주 가치를 확실하게 창출하고 있으며 지속가능성 자산은 성장한다는 것이다. 다우존스 지속가능성 아시아/태평양 지수는 Dow Jones Global

Total Stock Market Index 내의 선진 아시아/태평양 시장에서 선발된 600개의 기업 중 상위 20%를 추려낸 것이다. 다우존스에게 있어서는 아시아는 여전히 미성숙한 시장이며, 최근에 DJSI는 한국생산성본부와 협력하여 DJSI 한국지수를 출범, 운용중이다.

2) FTSE Index[22]

2001년 출범한 FTSE4Good 인덱스 시리즈는 세계적으로 인지된 기업들 중 책임기준에 부합한 기업들의 성과를 측정하고 이들 기업으로의 투자를 독려한다.

이 인덱스 시리즈는 FTSE Global Equity 인덱스 시리즈- FTSE All-World Index, FTSE4Good Environmental Leaders Europe 40 Index, FTSE4Good IBEX Index, FTSE ET50 Index 등-로부터 유래되었다. FTSE 그룹은 세계 여러 곳에 지사를 설치하여 활동하고 있으며, 솔루션 전달을 위하여 다양한 기업들과 협력하고 있다.

3) Domini Index[23]

Domini 400 Social Index[DS400]는 시가총액에 가중치를 둔 미국의 보통주 인덱스이다. 1990년 KLD Research & Analytics, INC에 의해 출범하였으며 이는 투자포트폴리오에 환경, 사회환경 선별을 사용한 첫 벤치마크 인덱스이다. Domini는 ESG 이슈에 중점을 두었으며, 특정 배제산

 유엔과 기업의 사회적 책임

업에 관여된 기업들은 인덱스에 포함되지 않는다. 이러한 배제적 이슈에는 Darfur 사건, 기후변화, 인권침해, 주류, 도박, 담배, 권총 및 기타 무기산업이나 핵발전소 산업 등이 해당된다. Domini는 어떤 기업을 제외하는 것과 동시에 다른 기업을 추가함으로써 인덱스에 항상 400개의 기업을 유지한다. KLD는 S&P500의 재편성과 연계하여 인덱스의 편성을 유지하려고 노력한다. Domini 인덱스의 전반적인 성과는 일반 지수의 평균수준 이상으로 측정되고 있다.[24]

6. 다른 기관들의 활동

1) OECD[25]

OECD는 선진국들로 구성된 국제기구이며, 세계경제의 발전과 함께 정부와 기업들에게 지배구조의 최고의 표준을 촉진해 왔다. OECD 회원국이 되기 위해서 각 국가는 공정경쟁의 규칙을 존중하고 금융시장을 개방하며 환경 규칙과 국제적으로 통용되는 노동원칙을 존중해야 한다.[26] OECD는 다국적 기업의 긍정적 역할을 촉진하고 국제사회에 부정적 영향을 방지하기 위한 도구로서 다국적 기업을 위한 가이드라인을 만들었다. 2000년에 수정된 이 가이드라인은 정보공개, 노동조건, 환경책임, 반부패, 소비자이익 보호, 경쟁과 세금에 대한 다양한 원칙을 다룬다. OECD 국가들은 회원국들간의 행동을 상호 점검할 수 있는 동료집단간의 압력 메카니즘을 가지고 있다. 따라서 이 지침은 비강제적임에도 불구하고 다국적 기업들의 행동을 사회적 책임과 보다 부합될 수 있도록 독려하는 도구로서의 역할을 수행한다. OECD는 또한 1999년에 채택된 OECD 기업지배구조 모범 기준을 통해서, 회원국들에게 기업의 좋은 지배구조를 존중할 것을 권장하고 있다. 한편 반부패 분야에서 OECD는 외국인관료를 대상으로 한 뇌물 수수에 관한 반부패 협약을 만들었는데 이것은 다국적 기업의 청렴한 행동에 관한 국제적 수단의 하나이다.

2) 세계경제포럼(World Economic Forum)

세계경제포럼은 현대 자본주의 엘리트의 연간 모임으로 오랫동안 반세계화의 주역들로부터 부자들의 모임이라는 비난도 받고 있다. 세계경제포럼은 시대의 변화에 적응하기 위하여 기업시민의식 Corporate Citizenship을 장려할 필요성을 종종 강조한다.[27] 세계경제포럼에서는 본회의 기간 동안 사회적 기업을 주제로 한 이벤트를 동시에 개최하고 있고, 반부패의 툴로서 PACI Partnering Against Corruption Initiative를 개발하였다. 앞으로는 다보스 포럼이 기업의 사회적 책임의 문화를 더 받아드리도록 변화되거나 혹은 기업시민 문제에 보다 집중할 수 있도록 개선할 필요가 있을 것이다. 이번 2012년 다보스 회의에서는 자본주의 위기 상황에 대한 문제점이 집중적으로 제기되었으며, 자본주의 엘리트화에 대해 반성하는 목소리가 컸었다.

7. CSR 이니셔티브의 한계와 전망

기업의 사회적 책임^{CSR}의 비중은 현대의 비즈니스 세계에서 점점 더 확고해 지고 있다. 2008년의 금융위기는, 책임 있는 기업 문화의 중요성을 다시금 증명하고 있으며, 이를 반영하듯 최근 많은 국내외 비즈니스 스쿨에서는 책임경영이나 기업 윤리에 대한 교육이 더욱 다양화, 전문화 되고 있다.

유엔글로벌콤팩트는 전세계에 걸쳐 회원수가 9,000여 개 기업 및 단체로까지 증가하였고, 계속해서 많은 기업들이 참여하고 있다. 그러나 전세계의 주요 거대 기업 수를 감안하면, 회원수가 여전히 부족하다는 판단 하에, 유엔글로벌콤팩트는 2020년까지 회원사수를 20,000개로 늘린다는 목표를 추진하고 있으며, 기업의 참여는 물론 공급망$^{supply\ chain}$ 전체의 참여를 권유하고 있다.

이렇듯 CSR에 대한 관심도가 높아지는 가운데, 여러가지 우려와 비판도 나오고 있다. 마이클 포터 교수와 마크 크레이머 FSG 대표는 "비즈니스와 시민사회의 리더들은 그들간의 분쟁에만 지나치게 중점을 두고, 양자간 공유되는 요소에는 작은 관심만을 보이고 있는데, 그들은 공유된 가치 $^{Shared\ Value}$를 따라야 할 것이다"라고 지적한 바 있다. 또 이들은 "기업이 만약 핵심 사업을 선택하는 것과 동일한 방식으로, 사회적 책임에 대한 전망을 분석한다면, 그들은 CSR이 비용이나, 제약, 자선행위 훨씬 이상의 것임을 발견할 것이고, 이는 기회, 혁신 그리고 경쟁 우위의 원천이 될 수 있다"[28]고 주장하였다.

전 인류의 보편적 원칙을 만족하는 목표로서 CSR을 채택한 유엔은 CSR 이니셔티브를 더욱 적극적으로 촉진해야 한다. CSR의 선구자들은 기후변화 이슈를 위해서 하는 것처럼, 여러 다른 CSR 이니셔티브에 대해 더 숙고하고, 세상을 보다 좋게 만들기 위한 목표를 추진하기 위해 공통의 기반을 찾아야 한다. 2010년 6월 개최된 'UNGC 리더스 서밋 2010'은 기업과 CSR 지도자들의 견해를 집약하는 중요한 계기였다. 향후 동 회의에서 채택된 '기업 지속가능성 리더십을 위한 청사진'의 이행이 주목되고 있다.

국내적으로도 이와 같은 공동 행동이 필요하며, UNGC 가치가 기업문화와 사회에 의해 보다 많이 수용되어, 한국의 중점과제가 되도록 더욱 노력해야 할 것이다. 한가지 확실한 것은, 한국이 선진국으로서의 도약을 원한다면 먼저 국제사회에서 보다 책임있고 신뢰받는 회원으로 변화해야 한다는 것이다. 한국 기업들도 세계적으로 인정받는 브랜드가 되고, 지속가능한 경영을 추구하고자 한다면, 좋은 기업 문화, 즉 신뢰받을 수 있고 책임있는 기업문화를 개발해야 한다. 국가적으로 추진하는 '브랜드 코리아'는 이러한 신뢰감과 책임감을 통해서 이루어질 수 있을 것이다.

2010년 우리나라는 G20 의장국으로서 G20 회의를 성공적으로 개최하였는데, 그 후속 이행을 위해서는 사회책임의 강화가 필요할 것이다.

CSR이 사회주류가치로 정착될 때까지, NGO, CSO, 기업, 교육기관 및 정부 등 선도자들의 보다 많은 노력이 요구되는 상황이다.

마지막으로 한국, 중국, 일본 모두가 유엔이 지지하는 이 목표에 동참함에 따라 CSR/UNGC의 가치가 동북아 경제를 통합하는 요인이 될 수 있는가하는 문제가 있다. "중국, 일본, 한국의 보다 많은 기업들이 유엔글로벌콤팩트에 참여할수록 보다 많은 협력과 파트너십이 유엔글로벌콤팩트 회원사들 간에 인식될 것이다. 지역 내 기업들이 유엔글로벌콤팩트 10원칙에 근거한 공통적인 비즈니스 윤리를 공유한다는 긍정적인 기대를 우리는 가질 수 있을 것이다".[29] 이것은 중장기적인 기대치이다. 그러나 기업의 사회적 책임CSR이나 유엔글로벌콤팩트가 비록 서구에서 탄생된 개념이지만, 그 내용을 살펴보면 이미 동아시아에서, 그리고 우리 나라에서 오랜동안 뿌리내리고 있는 전통 가치와도 맞닿아 있다. 3국간의 협력은 향후 유엔글로벌콤팩트의 발전과 미래 아젠다 설정에 아시아의 경험과 가치를 효과적으로 반영할 수 있을 것이다. 이를 위해, 3국의 CSR/UNGC 추진주역들 간에 보다 많은 교류와 협력이 이루어지도록 노력해 나가야 할 것이다.

제 2 부

유엔글로벌콤팩트란?

| 제 1 장 |
유엔글로벌콤팩트 4대 부문 10대 원칙

1. 인권

> · 원칙 1 : 기업은 국제적으로 선언된 인권 보호를 지지하고 존중해야 한다.
> · 원칙 2 : 기업은 인권 침해에 연루되지 않도록 적극 노력한다.

1) 유엔글로벌콤팩트 인권원칙의 유래

인권은 모든 대상에게 해당하는 보편적인 가치이며, 기업과 관련된 인권이 특별히 구분되는 것이 아니고, 일반적으로 인권과 관련된 모든 것들이 기업 활동과 관련된다. 글로벌콤팩트 제1, 제2 원칙은 1948년 유엔총회에서 채택된 '세계인권선언 Universal Declaration of Human Rights'에 근거를 두고 있다. 세계인권선언은 '모든 국민들과 국가가 성취해야 할 공통의 기준'이며 국제사회가 공유하는 근본가치일 뿐만 아니라, 권리와 그에 따르는 권리보호의 의무를 인정하는 기준을 확립하고 있다. 이를 통해 인권보호에 대한

---
* 작성자_ 이은경(서울글로벌콤팩트 연구센터 선임연구원)

최소한의 국제 기준을 마련하고 있는 것이다.

세계인권선언은 법적 구속력이 없지만 인류역사상 최초로 보편적인 인간의 권리를 제시하고 합의했다는 점에서 큰 의의가 있으며, 각종 인권 관련 기준이나 규범에서 기본적인 문서로 사용되고 있다. 즉, 세계인권선언은 인권에 관한 주춧돌 역할을 하고 있으며, 선언 전문은 3,000여 개의 언어와 지역 언어로 번역되었다. 세계인권선언과 더불어 '조약'의 지위를 갖고, 정한 법적 의무가 부과된 시민적 및 정치적 권리에 관한 국제규약^{ICCPR}과 경제적, 사회적 및 문화적 권리에 관한 국제규약^{ICESCR}을 3대 국제 인권장전이라 한다. 국제인권장전의 모든 권리는 보편적이며, 상호의존적이며, 불가분적인 관계에 있다. 이는 기업과 인권의 핵심 기본이념이며 기타 모든 인권에 대한 책임으로부터 기업은 자유로울 수 없다. 또한 국제인권조약에 나타난 각종 권리는 대부분 정부가 비준하면서 국내법으로도 편입되었다.

세계인권선언은 '평등/ 생명과 안전/ 개인적 자유/ 경제적, 사회적 및 문화적 자유'의 권리를 다루고 있으며, 유엔글로벌콤팩트 제1, 제2 원칙들은 모든 사회의 개인에게 주어진 책임을 기반으로, 기업들에게 보편적인 가치 유지를 위해 그들의 영향권 내에서 인권 의식을 발전시킬 것을 요구한다.

2) 유엔글로벌콤팩트 인권원칙의 주요 내용

- **원칙 1 : 기업은 국제적으로 선언된 인권 보호를 지지하고 존중해야 한다.**
  인권을 보호하고 증진할 1차적 책임은 정부에 있다. 그러나 세계인권

선언 ^{UDHR}은 '모든 개인과 사회의 각 기관'이 선언에 담긴 권리와 자유를 증진시키고 존중하며, 효과적으로 준수되도록 보장할 것을 촉구한다. 여기서 각 기관은 기업과 같은 민간조직을 포함하는 것이다. 기업은 경영 활동과 관련해서 인권에 부정적인 영향을 미칠 가능성과 동시에 인권을 지지하고 증진할 수 있는 기회도 가지고 있으며 다음과 같은 이유로 기업에게 인권은 매우 중요하다.

- 인권이 존중받는 사회는 기업이 사업을 하기에 더욱 안정적이고 나은 환경을 제공한다.
- 글로벌 시대의 소비자들은 그들이 사용하는 제품이 어떤 환경에서 만들어지는지 쉽게 알 수 있으며 기업은 소비자들의 우려를 해결해 줘야 한다.
- 거대한 공급망을 가지고 있는 기업들은 잠재적인 인권 이슈에 대해 인지할 필요가 있다.
- 직원들은 회사를 선택할 때 사회, 환경, 거버넌스를 고려하는 회사를 선택할 가능성이 높고, 자신을 존엄하고 공정하게 대해주는 기업에 높은 충성도를 보인다.
- 통신기술의 발달로 기업들은 거대한 청중들이 지켜보는 가운데, 지역사회와 좋은 관계를 맺고 사업현장에서 인권이슈를 잘 다루는 것이 더 중요해졌다.

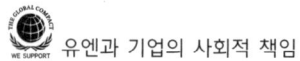 유엔과 기업의 사회적 책임

즉, 기업들은 사업하는 지역에서 발생할 수 있는 인권이슈, 기업 활동에 잠재된 인권 영향, 기업의 다양한 이해관계자들과의 관계를 분석하고 고려해야만 한다.

- **원칙 2 : 기업은 인권 침해에 연루되지 않도록 적극 노력한다.**

큰 범위에서 보면 원칙 2가 원칙 1에 포함된 내용이라 할 수 있지만, 원칙을 따로 명시한 이유는 그만큼 기업이 인권침해에 연루될 가능성이 높기 때문이다.

넓게 말해 기업의 인권침해 공모(연루)란 정부, 타기업, 개인 등 타인에 의해 자행되는 인권침해에 기업이 가담하거나 독려하는 것을 뜻한다. 인권침해의 공모는 특히 거버넌스가 취약한 지역에서 폭넓게 일어난다. 그러나 공모는 어느 나라나, 어떤 산업군에서도 일어날 수 있다. 공모는 2가지 요소로 구성된다. 1) 기업의 행위나 비행위가 인권침해를 돕는 것, 2) 기업의 행위나 비행위가 그러한 도움을 제공한다는 사실을 인지하는 것.

충분한 주의 의무를 포함하여 인권이슈에 시스템적인 경영 접근을 통해, 기업이 공모 리스크를 방지하고 다루는 것에 대해 인지하게 되면 공모 혐의 리스크는 줄어든다. 공모 혐의는 기업의 법적책임에만 국한되지 않으며, 미디어, 시민단체, 노조 등은 폭넓은 범위의 공모 혐의에 대해 제기할 수도 있다. 따라서 기업은 원칙적으로 인권 침해에 연루될 수 있는 상황을 적극적으로 인지하고 방지하는 것이 중요하다.

3) 유엔글로벌콤팩트 인권 주요 이니셔티브

가. Women's Empowerment Principles

'여성경쟁력 강화원칙'은 직장, 시장, 그리고 지역사회에서 여성들에게 기회를 주고 경쟁력을 강화할 수 있도록 지침을 제공한다. 이 원칙은 유엔여성발전기금*UNIFEM*과 유엔글로벌콤팩트 협력의 결과이다.  2004년 Calvert 투자회사에서 만든 최초의 여성원칙인 Calvert Women's Principles을 토대로 각계각층의 다양한 이해관계자들과 전문가들이 모여 비지니스가 양성 평등과 여권 신장을 도울 수 있는 다양한 비전을 논의했고, 1년 동안의 협의를 거쳐 2010년 3월에 여성경쟁력강화원칙을 출범했다. 전세계 기업들의 우수사례를 함께 공유하고 있으며, 이 원칙은 기업에게 참여를 강요하는 새로운 이니셔티브가 아니라 유엔글로벌콤팩트와 같이 기업의 지속가능한 개발이라는 차원에서 여성의 경쟁력 강화를 위한 실천방안을 찾아내는 것을 목표로 한다. 이러한 원칙이 기업의 좋은 모범사례를 제시할 뿐만 아니라 정부를 포함하는 다른 이해관계자들에게 기업과 연계하는 과정에서 정보를 얻어가는 것을 목표로 하고 있다.

> **여성 경쟁력 강화 원칙 7대 원칙**
>
> 1. 양성평등을 위한 기업 고위급 리더십을 구축한다.
> 2. 직장 내에서 여성과 남성을 동등하게 대우한다. 인권을 존중하고 차별을 철폐한다.
> 3. 모든 남녀 근로자에게 보건, 안전, 복지를 보장한다.
> 4. 여성을 위한 교육, 직업 훈련 및 전문인력 개발을 장려한다.
> 5. 여성 경쟁력 강화를 위한 기업 개발, 공급망 및 마케팅 전략 구축 등을 실행한다.
> 6. 지역사회의 이니셔티브와 정책을 통해 양성평등 확보를 위한 노력을 한다.
> 7. 양성평등 달성을 위한 과정을 측정하고 공시한다.

세계 여성의 날 100주년을 맞이하여 2011년 3월 뉴욕에서 열린 제3차 WEPs $^{Women's\ Empowerment\ Principles}$ 회의에 이어 국내에서도 유엔글로벌콤팩트 한국 협회가 4월 19일 『지속가능경영과 미래 여성 리더십』이라는 주제로 세미나를 개최하고, 여성가족부 장관 및 많은 기업인들이 참여한 가운데 WEPs를 소개하고 확산하는 기회를 가졌다. 현재 WEPs 한국 회원으로는 성주 그룹만 참여하고 있다(2011년 6월 26일 기준).

나. Children's Rights and Business Principles

2010년 6월 24일, 유엔글로벌콤팩트와 유엔아동기금^{UNICEF}, Save the Children은 기업들이 아이들의 권리를 존중하고 지원하도록 하는 구체적 지침을 제공하는 원리를 개발하는데 착수했다. 현재 아이들의 권리 존중 및 지원과 관련해 기업들에게 영향력을 행사하는 포괄적인 원칙은 없는 실정이다.

이 원칙은 기업과 시민사회, 정부, 국가인권위, 학계와 다른 이해관계자들이 어린이들에게 보다 긍정적인 힘이 될 수 있는 기회를 제공하게 된다. 특히 사업 전반에 걸쳐 적용할 수 있는 원칙을 제시하고, 직장, 시장, 지역사회 어디서나 이 원칙이 아이들에게 부정적인 영향을 최소화하고 긍정적인 영향을 극대화하는 역할을 하게 될 것이다. 또한 이 원칙의 목적은 기업들에게 아이들의 권리를 비즈니스 전략과 경영에 통합시킬 수 있도록 실용적인 가이던스를 제공하고, 기업의 다양한 이해관계자들의 협력을 촉진하는데 있다. 기업이 이러한 원칙에 중요한 역할을 담당하고 있다는 것을 인지하고, 다양한 이해관계자들과 대화를 통해 더욱 넓은 범위의 다른 지역의 기업과 분야의 사람들에게까지 그 영향이 확대되기를 바란다. 이 원칙은 다양한 시장조사, 자문, 개선작업을 끝내고, 2011년 11월 20일 열린 유엔아동권리협약 Convention on the Rights of the Child, CRC 기념일 즈음에 발표되었다.

아이들의 권리와 비즈니스 원칙

1. 기업들의 핵심 이해관계자인 아이들과 그들의 가족들을 위해 노력한다.
2. 일터와 가치사슬에서 아이들의 권리를 존중하고 지지한다.
3. 아이들의 삶에 안전한 상품과 서비스를 제공하고, 긍정적인 기여를 한다.
4. 아이들의 권리를 향상시키는 마케팅과 광고를 사용한다.
5. 아이들이 살고 성장하는 환경을 돌본다.
6. 긴급한 상황에 놓인 아이들의 보호를 돕는다.
7. 아이들의 권리를 충족시키기 위한 지역사회와 정부의 노력을 강화한다.

4) 유엔 "보호-존중-구제" 프레임워크
(UN "Protect, Respect and Remedy" Framework)

유엔 인권위원회는 2005년 유엔 사무총장이 기업과 인권에 대한 문제를 담당하는 특별 대표를 임명하도록 했고, 하버드대학 케네디스쿨의 존 러기 교수가 기업과 인권에 관한 유엔 사무총장 특별대표로 임명되었다. 특별 대표는 기업과 인권문제에 대한 기존의 논
의를 체계적으로 정리하고 연구한 많은 자료와 보고서들을 발간하였다. 전 세계에서 수차례에 걸친 '기업과 인권' 자문을 진행하기도 했다.

그리고 2008년 4월에는 그간 연구를 총정리한 "보호, 존중, 구제 : 기업과 인권에 대한 기본 프레임워크"라는 보고서를 작성하여 유엔 인권이사회 Human Rights Council에 제출하였다. 존 러기 교수의 보고서는 국가의 인권 보호, 기업의 인권존중 책임을 명시하고, 인권침해 방지를 위해 적절한 구제 수단이 마련되어야 한다고 밝히고 있다.

존러기 특별대표는 "보호, 존중, 구제" 프레임워크를 실제적으로 "운영화하기 위한" 구체적이고 실용적인 권고안인 이행지침 Guiding Principles을 2011년 6월에 유엔 인권이사회 Human Rights Council에 제출했고 인권이사회는 그것을 승인했다. 이행 지침의 내용은 6년간의 연구와 집중적인 협의, 온라인으로 게재되어 전 세계 이해관계자들이 참여한 광범위한 자문의 결과이다. 이 지침의 발족 이후 세계적으로 각국의 국가인권위원회, 연대 기구 등이 나서서 정부와 기업이 인권존중경영을 장려하도록 권장하고 있으며, 각 국가와 기업의 현실에 맞게 다양한 방법으로 이행 지침이 실행되기를 기대하고 있다.

가. 유엔글로벌콤팩트 인권원칙과 유엔 프레임워크

유엔글로벌콤팩트와 '보호, 존중, 구제 프레임워크'와의 연관성에 대해 유엔글로벌콤팩트는 다음과 같이 밝혔다. 기업의 인권 존중책임이란 타인의 인권 침해를 피하고, 발생할 수도 있는 부정적 영향을 해결하는 것이다. 이는 기업의 자신의 사업 활동에 의해 발생되는 부정적 영향뿐만 아니라, 사업파트너, 가치사슬 내의 기관, 기타 비정부 활동가 및 정부기관 등과의 관계에서 나타나는 영향 역시 포함된다.

타인의 인권침해를 피하기 위한 기업의 적절한 대응으로는 인권의 충분한 주의의무 *Due Diligence* 를 실행하는 것이다. 기업 규모나 산업군에 따라 달라질 수 있지만, 기업이 이용할 수 있는 자료와 절차는 일반적으로 기업 의도의 선언을 채택하고 실질적이고 잠재적인 영향 평가를 기업 내부 감사와 규제 시스템에 통합, 성과를 추적하고 보고하는 것 등이다.

구제책을 제공하기 위한 고충처리제도는 기업에 의해 직접적으로, 또는 타 기업, 기관들과의 합의를 통해, 상호가 수용 가능한 외부 전문가 및 기구에 의한 조정에 의해 제공될 수 있다. 기업이 추가적인 책임을 자율적으로 질수도 있고, 운영 환경이 영향을 줄 수도 있지만, 기업의 인권 존중 책임은 모든 기업이 모든 상황에서 기준선으로 여기는 책임이 되어야 한다.

이러한 관점에서, 유엔의 '보호, 존중, 구제 프레임워크'는 유엔글로벌콤팩트의 두 개 인권 원칙에 대한 운영상의 명확성을 부여한다. 원칙 1은 기업들이 국제적으로 인정된 인권 보호를 존중하고 지지하도록 촉구하며, 원칙 2는 인권침해에 연루되지 않도록 확실히 할 것을 요구한다. 유엔글로벌콤팩트의 많은 참여기업들이 자신의 위치에서 인권 증진을 지지하고, 긍정적인 기여를 하기 위해 노력하지만, 인권 존중의 실패를 대체할 수는 없다. 인권 존중 책임에 대한 원칙 1이 존재하는 한, '보호, 존중, 구제 프레임워크'는 참여기업에 UNGC 10대 원칙에 대한 정책과 절차를 마련하여 실행하고 그 경과에 대해 기업 이해관계자들과 매년 공유할 것을 요구하는 유엔글로벌콤팩트의 의미를 강조한다.

기업이 인권을 존중하고 지지하기 위해 취할 수 있는 행동은 인권경영 프레임워크*A Human Rights Management Framework*에 소개되어 있으며, 6개의 공식 언어로 번역되어 있다. 기업의 인권 존중 책임의 실행을 도울 수 있는 안내 자료들은 유엔글로벌콤팩트 웹사이트에서 찾을 수 있다.

5) 유엔글로벌콤팩트 인권원칙과 ISO 26000

2006년 11월 유엔글로벌콤팩트와 국제표준화기구는 상호 양해각서를 체결하고 유엔글로벌콤팩트의 10대 원칙과 ISO 26000 본문 간에 일관성이 있도록 사회적 책임 가이던스를 개발하기로 했다. ISO 26000에서 다루어진 인권 영역의 모든 부문은 유엔글로벌콤팩트의 첫 두가지 원칙에 다

포함 되어있다. ISO 26000은 국제적으로 선언된 인권을 어떻게 지지해야 하는가와 인권침해 연루방지를 위한 지침을 제공해준다.

유엔글로벌콤팩트와 ISO 26000의 연계내용은 다음과 같다.

유엔글로벌콤팩트 인권원칙	ISO 26000 조항	ISO 26000 핵심주제/이슈
원칙 1	6.3	인권
	6.3.3	충분한 주의
	6.3.4	인권 위험 상황
	6.3.5	공모의 지양
	6.3.6	고충 처리
	6.3.7	차별 및 약자집단
	6.3.8	시민권 및 정치권
	6.3.9	경제, 사회, 문화작 권리
	6.3.10	직장에서의 기본권
	Box 6	국제인권장전과 핵심 인권 도구
	Box 7	아동노동
원칙 2	6.3	인권
	6.3.3	충분한 주의
	6.3.4	인권 위험 상황
	6.3.4	공모 회피

6) 유엔글로벌콤팩트, ISO 26000, 유엔 프레임워크 공통 인권 쟁점 이슈

가. 충분한 주의의무(Due diligence)

유엔글로벌콤팩트는 "인권 리스크를 확인하고 관리하는데 있어 '충분한 주의의무'를 실행하는 것은 기업의 인권존중을 돕고, 인권침해에 연루되는 것을 피할 수 있게 한다. 충분한 주의 의무 과정은 기업을 운영하는 국가 상황; 기업 활동의 결과로 나타나는 잠재적이고 실제적인 인권 영향; 그런 활동들과 연결된 관계들, 이 세가지 요소를 고려해야 한다."고 밝히고 있다.

유엔 프레임워크(18~21조)와 ISO 26000(6.6.3) 역시 기업의 충분한 주의의무$^{Due\ diligence}$를 강조하고 있으며, 충분한 주의의무 과정은 지속적이고 분석적으로 평가되어야 함을 동시에 강조하고 있다.

나. 공모의 지양(Avoidance of Complicity)

유엔글로벌콤팩트의 2번째 원칙과 직접적으로 연계된 이슈로서, UNGC와 ISO 26000(6.3.5)는 연루의 범위에 대한 이해를 돕기 위해 공모를 3가지로 나누고 있다.

- 직접적 공모$^{direct\ complicity}$: 기업이 타인의 인권 침해를 적극적으로 지원하거나 조장할 때 발생
- 수혜적 공모$^{beneficial\ complicity}$: 타인의 인권 유린이 기업에 직접적 혜택

을 가져다 줄 때 발생

- 암묵적 공모 silent complicity : 특정 대상과의 관계 중 발생한 체계적이고 계속적인 인권침해를 암묵적으로 용인하거나 방임함으로써 발생

이와 같은 인권침해에 연루되는 것을 예방하기 위해서 기업들은 인권 문제에 대한 지속적인 평가와 모니터링 시스템을 갖출 필요가 있다. 영향력의 범위가 큰 기업일수록 이 부분은 더욱 중요하다.

다. 영향권(Sphere of influence)

기업은 "기업 내부 및 더욱 광범위한 영향권 sphere of influence 내에서" 인권에 대한 책임이 있다. 즉, 기업은 영향력이 미치는 모든 영역에서 인권 보호를 지지하고 존중할 의무가 있다. 영향권은 대개 "기업이 정치적, 계약적,

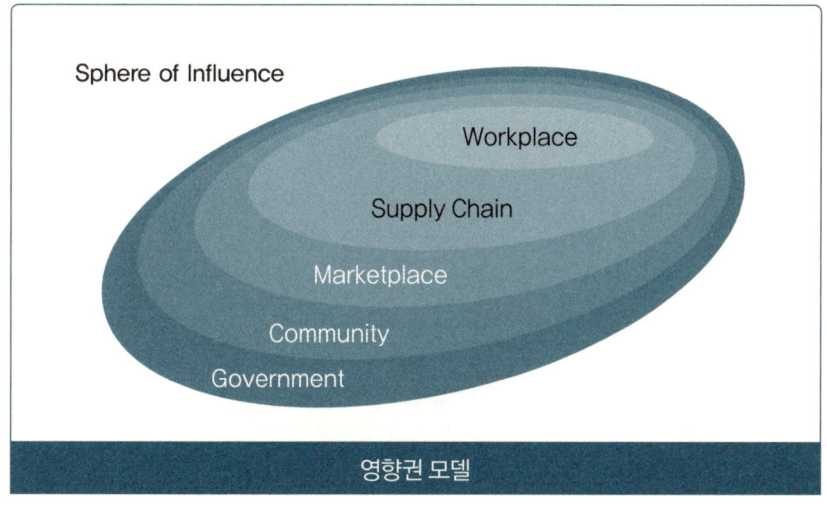

영향권 모델

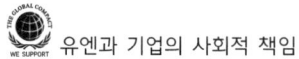 유엔과 기업의 사회적 책임

경제적 혹은 지리적으로 어느 정도 근접해 있는 개인"을 포함한다. 자사 직원, 협력업체, 시장, 커뮤니티, 정부 등이다(그림 〈영향권 모델〉 참조).

이를 위하여 기업은 국가의 법규를 준수하고, 인권을 기업의 비전과 정책, 문화에 받아들이고 기업 전략과 시스템에 인권 가치가 스며들도록 해야 한다. 그리고 기업의 인권침해를 예방하기 위해서는 모든 직원들이 기업과 인권에 대한 이해를 높일 수 있도록 세계인권선언에 근거한 기업의 인권 정책을 수립하고 교육해야 한다. 글로벌콤팩트 역시 기업에게 이 부분을 계속 강조하고 있다.

라. 고충처리제도(Grievance mechanism)

고충처리제도란 기업의 인권침해와 관련된 고충이 제기되고 구제 수단을 모색할 수 있도록 관례화된 정부, 비정부 기반의 사법적·비사법적 절차를 가리킨다. 존 러기 프레임워크에서는 인권침해 방지를 위한 구제책으로서 고충처리 제도를 매우 상세히 서술하고 있다. 또한 고충처리제도가 기업의 인권 존중 책임과 관련해 두 가지 중요한 기능을 수행한다고 밝히고 있다. 인권에 대한 부정적인 영향을 파악하는 것을 지원하고, 상황이 파악되면 기업이 고충 수렴 및 피해자 구제를 조기에 그리고 직접 다룰 수 있게 해주며 인권피해가 더 복잡해지고 심화되는 것을 막을 수 있다는 것이다. 충분한 주의 의무를 이행하는 과정으로서 효과적인 고충처리 매커니즘은 모든 가이드라인에서 중요하게 여기는 이슈이다.

7) 유엔글로벌콤팩트 인권 원칙 활동

유엔글로벌콤팩트 본부에서는 인권 원칙과 관련해 다양한 회의, 세미나, 교육 등을 개최하고, 인권 경영과 관련된 자료, 가이드라인과 툴^{tool}을 개발하고 배포하는 등 기업에서의 인권 원칙 적용을 확산하는데 노력하고 있다. 또한 기업들이 실질적으로 인권 신장에 공헌할 수 있도록 유엔 및 각종 인권 관련 기관과의 협력과 파트너십을 형성할 수 있도록 돕고 있다.

기업이 인권 리스크와 기회를 확인하고 잘 다룰 수 있도록 견고한 경영시스템을 도입할 것을 촉구하고, 기업이 인권 경영시스템을 효과적으로 운영하며, 인권과 관련된 지식과 정보격차를 극복할 수 있도록 지원한다. 유엔글로벌콤팩트는 인권과 관련해 다양한 학습 도구와 프레임워크, 이니셔티브를 만들고, 기업이 자발적으로 인권 보호와 증진에 앞장설 수 있도록 도와주고 있으며, 전 세계 기업과 인권 경영에 관한 긍정적, 부정적 사례를 발굴해 어떻게 기업이 인권 침해를 방지하고 더 나은 인권존중 기업으로 나아갈 수 있을지 구체적인 모델을 제시한다(부록1. 인권 관련 주요 도구 및 자료 참조).

특히 전세계 기업대표를 포함한 다양한 이해관계자가 참여하는 인권 실무 그룹을 지속적으로 개최하여, 글로벌콤팩트의 인권 분야에 대한 전략적 지원 및 인권 분야의 의무 사항과 인권 정책의 발전을 위한 가이드라인을 개발하고 전세계 네트워크에 이를 확대하는 노력을 하고 있다. 세계인권선언 60주년이던 2008년 12월에는 세계 주요 기업 CEO들이 언론을 통

유엔과 기업의 사회적 책임

> ### 유엔글로벌콤팩트 인권 관련 주요 협력 기관
>
> · Amnesty International
> · Business and Human Rights Resource Center
> · Business Leaders Initiative on Human Rights
> · The Danish Institute for Human Rights
> · The Global Business Initiative on Human Rights
> · Human Rights First
> · Human Rights Watch
> · International Business Leaders Forum
> · International Commission of Jurists
> · International Federation for Human Rights
> · Realizing Rights: The Ethical Globalization Initiative

해 인권 지지와 증진을 위한 선언을 발표하고, 각국 정부에게 인권 의무이행을 촉구하며 기업의 인권 책임을 재강조하기도 했다.

유엔글로벌콤팩트 한국협회 역시 인권원칙과 관련된 다양한 활동을 전개하고 있다. 한국 사회에서 아직까지 기업에서 '인권'이라는 화두를 이야기하는 것은 쉬운 일이 아니지만, 최근 1~2년 사이 언론에서도 '인권경영'이라는 표현을 쓰는 등 기업과 인권 이슈는 확대되고 있다.

유엔글로벌콤팩트 한국협회는 세계인권선언 채택 60주년이었던 2008년 국가인권위, 머니 투데이와 함께 '인권과 사회책임투자 Social Responsible Investment'를 위한 국제회의를 공동 개최해 국내에 인권과 기업 활동에 관한

제 2 부 유엔글로벌콤팩트란?

국제 동향과 기준, 모범사례를 소개하고, 국내 기업의 인권정책 적용 상황을 점검, 논의함으로써 기업가와 투자자들 및 국민들의 인권책임 의식을 높이는 계기를 마련했다. SRI의 대표적 지수인 도미니 사회지수 400^{Domini} $^{400\ Social\ Index}$을 만든 도미니 회장이 직접 방문해 사회책임투자의 핵심 개념에 대해서 소개하였다. 또한 2009년에는 한국노총과 함께 유엔글로벌콤팩트 인권노동원칙에 관한 국제세미나를 개최하고 UNGC의 인권, 노동 분야를 총괄하는 우르슬라 원호벤$^{Ursula\ Wynhoven}$담당관 및 국제 산별연맹협의회^{CGU} 코디네이터인 짐 베이커$^{Jim\ Baker}$가 참여해 국내에서 민감한 사안에 대해 다양한 사회구성원들이 서로 소통하는 토론의 장을 열었다.

    2010년에는 유엔글로벌콤팩트 한국협회에서 인권 실무그룹을 만들었고 기업과 인권 관련 전문가들이 참여해 국내 기업들의 인권 활동 사항을 점검해보고, 우수사례를 발굴 및 공유해 국제사회에서도 우리 기업들이 적극적으로 활동할 수 있는 기반을 마련하고 있다. 2010년 하반기는 국가인권위, 한국인권재단과 함께 매달 기업인권포럼을 열어 국내 기업들과 인권 관련 NGO들이 참석한 가운데, 기업인권에 관한 다양한 이슈를 가지고 발표와 토론 등을 통해 서로의 의견을 공유하고, 좋은 사례들을 많이 발굴해 기업들에게 도움을 주는 계기를 가졌다. 2011년에도 계속해서 인권위 및 타 기관들과 협력해 기업인권에 대한 국제동향을 소개하고 알리는 역할을 계속하고 있으며, 한국이 주최한 세계 국가인권위원회 포럼에서 유엔글로벌콤팩트의 기업인권 관련 추진 전략을 설명하기도 했다.

8) 결론

　유엔글로벌콤팩트 기업인정상회의에서 발표되었던 유엔글로벌콤팩트 2010 이행 설문조사 결과$^{Accenture\ 보고서}$에 따르면, 현재 UNGC 4대 부문 중 인권 부문이 가장 '도전적인^{challenging}' 기업 책임 이슈라는 CEO들의 공통된 의견이 있었다. 그럼에도 아직까지 많은 기업들은 인권이 기업에게 왜 중요한지, 또 우수한 인권 경영 사례는 어떠한 것이 있는지 등 인권 경영 전반에 대한 지식과 정보가 부족할 뿐만 아니라, 포괄적인 기업 인권 시스템이 미비하다는 결과가 나왔다. 또한 UNGC가 마련한 기업 인권 관련 자료에 대한 인식도 아직까지 낮다는 것을 알 수 있었다.

　이렇듯 다양하고 포괄적인 인권 관련 가이드라인이 있다하더라도, 그것을 실제로 기업들이 의지를 가지고 자사의 사업 특성에 맞게 이행하지 않는다면 실질적인 인권 보호와 증진을 이루기는 어렵다. 따라서 끊임없이 기업에게 인권 이슈의 중요성을 강조하고 설명하려는 UNGC 등 기업의 사회적 책임 확산을 위한 조직들의 노력이 필요하며, CSR 관련 조직들은 각 기업의 사업특성에 맞게 인권을 증진할 수 있는 방안을 소개하는 노력을 게을리하지 말아야 한다. 또한 정부와 인권침해에 대한 공동의 대응방안을 모색하고, 기업 인권 증진을 위해 지속적이고 구체적인 협력을 이루어야 한다.

　인권존중은 국제사회가 지향하는 가장 주요한 가치 중 하나이다. 세계화가 진전됨에 따라, 다국적 대기업 및 중소기업들도 인권가치에 대한 실천에 적극 동참하라는 사회적 요구를 받고 있다. 국내적으로도 준법경영 및 윤리경영을 거쳐 사회책임경영, 지속가능경영이라는 화두가 한국사회 내에 확산되면서 가장 보편적 가치인 인권이라는 화두를 경영에 접목해 '인권통합경영'이라는 개념이 점차 확대되고 있다. 이제 기업은 경영전략에 인권문제를 통합적인 가치로 포용하는 것이 불가피한 시대가 되었으며, 특히 공급망, 자회사, 지역사회, 사업파트너를 포함하여 경영정책상 인권의 통합 관리와 회사의 영향권 내에서 인권이 존중될 수 있도록 제도적인 장치를 마련하는 것이 필요하다.

각종 사업추진에서 인권침해가 발생하지 않도록 예방할 필요가 있으며 인권존중 원칙이 회사 조직원 전체로 확산되어 기업에 내재화 되도록 독려, 교육하는 것이 바람직하다. 인권을 존중하는 기업은 좋은 직원을 채용하는데 있어서도 큰 강점을 가지고 있으며, 직원들의 생산성을 높임으로써 궁극적으로 기업경쟁력을 강화시키는 결과를 낳게 된다. 소비자 역시 그러한 기업들에게 후한 점수를 주고 있으며 이러한 모든 요소들이 기업 활동에 있어 매우 중요한 부분이다. 이러한 흐름에 발맞추어 향후 기업경영 전반에 인권요소를 잘 포함시키는 것이 장기적으로도 '좋은 기업을 넘어 위대한' 기업으로 나아가는 길임을 우리 기업들이 인식하기 바란다.

유엔과 기업의 사회적 책임

2. 노동*

1) 노동 원칙이란?

유엔글로벌콤팩트 10대 원칙에는 다음과 같은 노동관련 4가지 원칙이 포함 되어 있고, 이 4가지 노동 원칙은 국제노동기구^{ILO}의 "ILO 근로자기본권선언$^{ILO\ Declaration\ on\ Fundamental\ Principles\ and\ Rights\ at\ Work}$"30)에 근거하고 있다.

> · 원칙 3 : 기업은 결사의 자유와 단체교섭권의 실질적인 인정을 지지하고,
> · 원칙 4 : 모든형태의 강제노동을 배제하며,
> · 원칙 5 : 아동노동을 효율적으로 철폐하고,
> · 원칙 6 : 고용 및 업무에서 차별을 철폐한다.

국제노동기준을 만드는 유엔 산하의 노사정 3자 기구인 ILO는 국제노동기준을 구성하는 24개의 범주를 만들었고, 이 범주에 기초한 188개의 협약을 마련하였으며, 이중 근로자에게 가장 중요한 영향을 미치는 8개를 기본협약$^{ILO\ Core\ Conventions}$을 제시하고 있다. 이 8개 기본협약은 1) 결사의 자유 및 단체교섭권의 효과적 인정, 2) 모든 형태의 강제근로 철폐, 3) 아동노동의 효과적 철폐, 4) 고용과 직업상의 차별철폐라는 4개 영역에서 각각 2개씩의 협약으로 구성되어 있다. 이 8개 기본협약의 비준을 강조하고 촉

---

* 작성자_ 이준석(유엔글로벌콤팩트 한국협회 팀장)

진시키기 위해, 1998년 ILO는 "ILO 근로자기본권선언*ILO Declaration on Fundamental Principles and Rights at Work*"을 마련하였다. 동 선언은 1998년 177개국에서 정부, 경영자, 근로자들이 모여 논의하는 국제 노동 회의에서 채택되었다. 이 선언은 모든 ILO회원 국가들에게 이를 적용할 것을 촉구하였고, 2003년 프랑스 Evian에서 개최되었던 G8 회의에서 선진국 정상들은 기업들이 동 선언을 이행하기 위해 다른 이해관계자들과 협력할 것을 촉구하였다.

이외에 유엔글로벌콤팩트 노동 원칙과 관련된 주요 도구로는 "다국적 기업 및 사회정책상의 원칙에 관한 삼자선언*Tripartite Declaration of Principles concerning Multinational Enterprises and Social Policy*"을 들 수 있다. 정부, 경영자, 근로자의 대표들이 참여하여 제정한 이 선언은 CSR의 노동 분야를 촉진하는데에 가장 포괄적인 도구라고 할 수 있는데, 정책, 승진, 기회와 대우의 평등, 교육, 임금, 최소 연령 등에 있어서 기업이 실무적으로 어떻게 이러한 원칙을 적용할 것인가에 대한 설명도 포함하고 있다.

2) 유엔글로벌콤팩트 노동 원칙의 이슈

가. 강제노동 배제

강제노동이란 강제적으로 어떠한 처벌의 위협하에 강요되어 처리되는 노동인데, 근로자에게 임금을 지급하였거나, 특정한 보상이 제공되었다 하더라도 강제노동이 성립될 수 있다. 강제노동은 근본적인 인권침해이며, ILO에 따르면 전세계적으로 최소 1,200만 명이 강제노동을 하고 있고, 그

중 80%는 기업에 의해 강요된다고 추정되고 있다. 식량, 토지, 임금의 착취, 육체적 폭력 또는 성적 학대, 이동의 제한 또는 감금 등 같은 형태로 이루어 진다. 이를 방지하기 위해, 기업들은 고용계약서에 노동 조건과 계약사항 표기, 고용의 자발적 성격 설명, 고용에서 벗어날 수 있는 자유 등을 명확하게 기재하여야 한다. 이러한 강제노동은 주로 합법적인 기업들의 계약자와 공급자 등에 의해 저질러지고 있음으로, 기업들은 외부적인 공급사슬에서도 강제노동이 이루어 지고 있는지 주의해야 한다. 공급자에 대한 모니터링 및 계약 체결시 강제노동 배제에 대한 조항의 삽입 등을 통해, 공급자에 의한 강제노동을 예방할 수 있다.

나. 아동노동의 철폐

ILO 협약은 고용이 가능하기 위해서는 의무교육을 마치는 연령보다 적지 않아야 함을 규정하고 있다. 최소 연령은 일반적으로 경제적, 교육적인 시설이 잘 발달되지 못한 나라에서 14세이고 가벼운 업무는 12세 어린이도 허용이 된다. 반면 위험한 노동을 하는 최소연령은 선진국, 개발도상국

고용될 수 있는 아동의 최저 연령

	선진국	개발도상국
보통업무	15세	14세
위험한업무	18세	18세
가벼운업무	13세	12세

출처: The Labour Principles of the United Nations Global Compact - A Guide for Business

의 구분이 없이 모두 18세로 규정되어 있다.

아동노동이란 용어는 '청소년 고용' 또는 '학생 노동'과 구분될 필요가 있다. 아동노동은 인권 침해인 착취의 한 형태로 볼 수 있고, ILO협약 182호에서는 18세 미만의 아동에게 강제노동이 부과될 경우, 정부가 즉각적으로 조치를 취해야 할 경우를 다음과 같이 제시하고 있다.

- 아동 밀매, 채무로 인한 기속, 폭력적인 강제노동 그리고 무력 충돌에서 아동 동원 등 모든 형태의 노예제도
- 매춘 또는 포르노 생산을 위한 아동 알선 및 제공
- 마약 생산과 밀매와 같은 불법 행위를 위한 아동 알선 및 제공
- 업무상 특성이나 업무 환경으로 인해 아이들의 건강, 안전, 도덕성을 해칠 우려가 있는 노동

이러한 아동노동은 장기적인 관점에서 기업에게 좋지 않은 영향을 미친다. 아동노동으로 기초 교육을 받지 못하게 될 경우, 문맹으로 남거나 직업을 갖기 위해 필요한 기술을 습득하지 못할 확률이 높다. 결과적으로 아동노동은 미숙하고 능력이 부족한 근로자를 양산하도록 만들고 노동력의 질적 저하를 초래할 수 있다. 또 아동노동을 하는 업체와의 직·간접적 협력은 회사의 명성을 손상시킨다. 광범위한 공급 사슬을 갖고 있는 다국적 기업의 경우, 특히 아동노동으로 인한 브랜드 이미지 손상, 수익과 주식가치

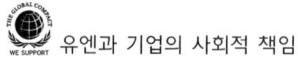
에 대한 부정적 영향이 있을 수 있다.

다. 고용 및 업무에 있어서의 차별 철폐

차별은 고용이나 업무에 있어서 능력이 아닌 개인의 특성 때문에 다르게 혹은 덜 호의적으로 대우받을 때 발생한다. 주로 인종, 성, 종교, 정치 사상, 사회적 출신 등이 차별의 근거가 되지만, 이외에도 성적 성향 및 HIV/AIDS와 같은 요소들도 차별의 원인으로 인식되고 있다. 이러한 차별은 다양한 업무 활동의 전 과정, 즉 채용, 보수, 근무시간과 휴식시간 및 유급 휴가, 모성 보호, 부서 배치, 업무 평가 및 승진, 교육 기회 등에서 나타날 수 있다.

라. 결사의 자유와 단체교섭권

어떤 기업들은 유엔글로벌콤팩트 노동 원칙 중 세번째 원칙인 "결사의 자유와 단체교섭권의 실질적인 인정" 조항때문에 유엔글로벌콤팩트 회원사가 되기를 주저하는 경우가 있다. 이들 기업들이 우려하는 바는 크게 두 가지로, 첫째는 UNGC 회원사가 되면 노동문제로 인한 분규^{litigate}가 발생했을 때 더 큰 문제가 되지 않을 것인가 하는 것이고, 두번째는 UNGC에 가입하려면 무노조 경영을 해온 기업들도 새로이 노동조합을 만들어야 하는가이다.

첫번째 이슈를 살펴보면, 노동 이슈로 구체적인 법적 분쟁이 일어날 경우, 유엔글로벌콤팩트와는 무관하게, 해당 노동 기준에 따라 분쟁이 다루어 진다. 즉, 유엔글로벌콤팩트에 가입하였다는 것으로 가중 처벌이 되는 경우는 없고, OECD회원국은 OECD의 노동 관련 기준에 의해, 기타 OECD 비회원국은 ILO의 기준에 의해 분쟁의 해결이 진행된다. 유엔글로벌콤팩트 세번째 원칙이 담고 있는 결사의 자유와 단체교섭권의 이슈는 1998년 제정된 ILO의 제반규정인 "ILO 근로자기본권선언"$^{ILO\ Declaration\ on\ Fundamental\ Principles\ and\ Rights\ at\ Work}$상에 이미 제시되어 있는 보편적인 내용이며, 또한 우리나라는 1996년 이래 OECD의 회원국인 바, OECD회원국으로서도 국제노동기준를 준수할 의무를 갖고 있다.

유엔글로벌콤팩트와 OECD간에는 이러한 양해를 바탕으로한 관련협력양해각서가 있고 ILO와도 그러한 양해가 존재하고 있다. ILO의 경우 "다국적 기업 및 사회정책에 관한 원칙의 삼자 선언"$^{ILO\ Tripartite\ Declaration\ of\ Principles\ concerning\ Multinational\ Enterprises\ and\ Social\ Policy}$이 이에 해당한다. 다시말해 노사문제의 구체적인 분쟁사례는 UNGC에 의해 판정되지 않고 있으며, 문제가 제기되어도 UNGC는 법률분쟁에 개입치 않으며, OECD의 지침^{Guidelines}에 따라 처리되고 있는 것이다.

두번째 이슈는 노조가 없는 기업이 UNGC에 가입할 수 있는가 혹은 가입하려면 반드시 노동조합을 새로 설립해야 하는 가이다. 세번째 원칙에서 "결사의 자유와 단체교섭권의 실질적인 인정을 지지한다"라고 명시하고 있는데, 이는 회원사 내에 반드시 노동조합이 있어야 한다는 뜻이 아니라, 노동조합의 설치를 반대하지만 하지 않으면 된다는 의미로 해석할 수 있다. 기업의 압력없이 직원들이 스스로 노동조합을 구성하지 않는다면, 이

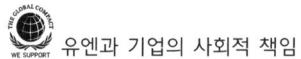
유엔과 기업의 사회적 책임

것이 세번째 원칙과 모순되지는 않는다. 그렇지만 만약 직원들이 노동조합을 구성하고자 하는데, 기업이 이를 반대한다면 세번째 원칙에 위배된다고 할 수 있다. 실제로 국내에도 노조가 없는 기업들이 UNGC에 가입하고 있다. 이러한 기업들은 노동조합 대신 노사협의회를 운영하고 있는데, 임직원의 근무환경, 복리후생, 임금 등의 개선사항에 대한 의견을 개진하고 경영 현황을 공유하는 역할을 하고 있는 상황이다.

3) 결론

유엔글로벌콤팩트는 친기업적으로 접근하는 기업의 사회적 책임 이니셔티브이다. 유엔글로벌콤팩트의 노동 원칙 4가지는 ILO의 협약과 선언에 근거하여 만들어진 보편적인 원칙으로 특히, 우리나라의 기업들은 이러한 원칙을 준수하는 것이 특별히 어렵지는 않을 것으로 판단된다.

유엔글로벌콤팩트의 노동 원칙 중, 특히 아동노동 및 강제노동 이슈는 현재 우리 나라 기업과는 거의 무관한 실정이다. 하지만 개발도상국에서 활동하고 있는 국내기업의 협력사 등의 경우, 아직도 이러한 이슈와 관련된 문제가 발생할 가능성이 있다. 따라서 협력사 관리를 위해서도, 계약시에 노동 관련 원칙을 준수할 것이라는 조항을 계약서에 반영한다거나 유엔글로벌콤팩트에 참여하도록 권고하도록 해야 할 것이다.

3. 환경*

1) 유엔글로벌콤팩트의 환경 원칙[31]

세계는 그 어느때 보다도 복잡하고 심각한 환경적 도전, 즉 기후변화, 생물다양성 감소, 수질 오염, 생태계의 파괴, 대기 오염, 쓰레기 처리, 사막화 등 다양한 문제에 직면해 있다. 이러한 환경적 도전에 가장 직접적인 원인을 제공하면서, 또 그렇기 때문에 가장 효과적인 해결책을 제시할 수 있는 주체가 기업일 것이다. 오늘날 많은 기업들이 환경과 관련하여 포괄적인 전략과 정책을 추진하고 있다. 이를 촉진, 뒷받침하기 위해 유엔글로벌콤팩트는 기업의 사회적 책임의 일환으로 3가지 환경 원칙을 마련하고 있다. 이 원칙들은 유엔환경과 개발 컨퍼런스 *the Earth Summit*에서 발표되어 1992년 브라질 리우데자네이루에서 개최된 '유엔환경개발회의 *UN Conference on Environment and Development*'에서 채택된 '환경과 개발에 관한 리우선언 *Rio Declaration on Environment and Development*'[32]과 국제적 행동계획 *Agenda 21* [33])에서 비롯되었다.

- 원칙 7 : 기업은 환경문제에 대한 예방적 접근을 지지하고
- 원칙 8 : 환경적 책임을 증진하는 조치를 수행하며,
- 원칙 9 : 환경친화적 기술 개발과 확산을 촉진한다.

* 작성자_ 설우정(유엔글로벌콤팩트 한국협회 간사)

2) 유엔글로벌콤팩트 환경 원칙의 이슈

가. 원칙 7 : 기업은 환경문제에 대한 예방적 접근을 지지한다[34]

유엔글로벌콤팩트 원칙 7이 근거를 두고 있는 '리우 선언'의 15번째 원칙은 '심각한 또는 회복 불가능한 피해의 우려가 있을 경우, 과학적 불확실성이 환경악화를 지양하기 위한 비용과 효과적인 조치를 지연시키는 구실로 이용되어서는 안된다'고 하며, 환경에 대한 예방적 접근의 중요성을 설명하고 있다.

이러한 예방은 위험 식별, 특성 등 리스크의 체계적인 평가, 리스크 매니지먼트, 리스크 커뮤니케이션을 말한다. 환경적인 위험이 의심되는 경우, 기업은 위의 예방적 접근법을 적용하여야 하며, 과학적인 평가를 근거로 불확실성을 고려해야 한다. 기업이 직면한 환경적 위험이 수용가능한 것인지 아닌지를 결정할 때에는 과학적이고 기술적인 평가는 물론, 경제적인 분석뿐만 아니라 정치적인 고려도 있어야 한다. 예방적 접근은 환경 위험에 대한 과학적인 정보가 충분하지 않을 경우 취해지며, 위험의 수준은 건강, 안전의 기준과 연관되어 판단되기도 한다.

이러한 예방적인 접근이 중요한 이유는, 환경적 피해가 엄청난 사후 수습 비용을 들게 하고 기업 이미지에 돌이킬 수 없는 타격을 줄 수 있기 때문이다. 또한 환경적으로 지속가능하지 않은 제품의 개발에 투자하는 것은 재무적 리스크 등을 고려할 때 기업의 이윤 창출과도 거리가 있다는 분석도 많이 나오고 있다.

기업들은 예방적인 접근법을 취하기 위해, 이해관계자와의 쌍방향 커뮤니케이션 채널, 즉 다자간 미팅, 워크숍 토의, 홈페이지를 통한 설문조사 등을 통해, 환경적으로 꺼림직한 일, 잠재적인 위험을 사전에 방지하도록 해야 한다.

나. 원칙 8 : 환경적 책임을 증진하는 조치를 수행한다[35]

유엔환경개발회의에서 채택된 '의제 21$^{Agenda\ 21}$'의 제30장은 지속가능한 개발 아젠다에서 기업과 산업을 명시하였는데, '기업과 산업은 자체적 규제를 늘리고 적절한 법률과 이니셔티브가 비즈니스의 계획과 의사결정 전반에 통합되도록 해야 하며, 개방성을 확대하고 직원 및 대중과의 소통을 늘려야 한다'고 하였다.

모든 사회의 구성원은 다른 구성원의 환경에 피해를 주지 않아야 할 책임을 갖는데, 기업도 이러한 구성원으로서 '좋은 이웃$^{good\ neighbor}$'이 되어야 한다. 사회는 기업이 더욱 환경적으로 지속가능한 활동을 하도록 요구하고 있고, 기업은 사회의 요구를 만족시킴으로써 사회적 정당성을 얻게 된다.

환경적인 책임을 높이기 위해 기업들은 환경 지수에 근거한 구체적인 목표를 설정하고 이를 추진해야 한다. 특히 점차 복잡해져가는 산업 환경에서, 기업들은 공급자 등 협력사와 함께 친환경적인 생산, 유통, 판매 과정을 구축하도록 해야 한다. 이러한 환경 책임을 실제적으로 다하기 위해서는 생산의 전 과정에 대한 투명성이 중요하며, 환경 영향 평가, 환경 리스크 평가, 라이프 사이클 평가 등 자세하고 객관적인 모니터링이 필요하다. 기업들이 이해관계자들과의 지속적인 커뮤니케이션을 통해 이러한 모니터링, 평가 및 개선 시스템을 발전시킨다면, 환경과 기업 혁신 모두에 있어서 선순환을 도모할 수 있을 것이다.

다. 원칙 9 : 환경친화적 기술개발과 확산을 촉진한다[36]

의제 21 *Agenda 21*, '환경친화적 기술 *environmentally sound technologies*'은 '환경오염을 줄이고, 모든 자원을 가능한 한 지속 가능한 방식으로 사용하며, 되도록이면 많은 폐기물과 상품을 재활용하고, 남은 폐기물은 수용가능한 방식을 다루는 기술'로 정의한다. 이는 환경오염물질이 배출된 이후의 처리 기술, 환경 오염을 모니터링하는 기술, 생산과정이나 오염방지 기술 등을 뜻한다. 또한 이러한 기술 뿐 아니라 환경 친화적인 제도상, 경영상의 과정 및 시스템, 친환경 상품 및 서비스 등을 포함한다.

기업들은 '요람에서 무덤까지 *LCA, Life Cycle Assessment*', 즉 제품의 제조, 공정, 수송, 유통, 사용, 재활용, 폐기의 전 과정에서 소요되는 오염 물질 배출량을 모니터링하고 이를 토대로 환경 영향을 개선할 수 있는 여지를 파악하는 작업을 적극적으로 추진함으로써 생산 비용을 크게 줄일 수 있다. 또한 이러한 과정을 통해 개발된 친환경 기술과 오염 물질 배출 감소를 위한 노하우 및 시스템은 다른 기업들이 벤치마킹하고 응용할 수 있는 구심점을 제공하여, 친환경의 시너지 효과를 낼 수 있다.

제 2 부 유엔글로벌콤팩트란?

3) 유엔글로벌콤팩트의 환경관련활동

유엔글로벌콤팩트는 오늘날 경기 침체와 기후변화 등 전지구적 위기에 대처하여, 지속가능성 및 ESG^{환경, 사회, 거버넌스} 이슈와 관련된 기업의 환경책임에 대한 전략과 최선의 실천방안 등 여러 사례를 공유, 발전시키고 있다. 이러한 노력으로 UNEP 등과 협조하여 환경 관련 국제회의를 개최하고 자료를 발간하고 있으며, 기업들이 기후변화위기에 주도적으로 대처하여 가치를 창출할수 있는 방안들을 제시하고 있다. 또한 2009년 12월 덴마크 개최 기후변화국총회^{COP 15}에 기업의 참여를 주도하였으며, 2012년 6월에 Rio+20 회의에서 대규모 지속가능성 포럼을 개최할 예정인 것도 그러한 노력의 일환이다.

유엔글로벌콤팩트 한국협회도 4대 이슈인 환경 주제에 대해 회원사들에게 사회책임경영에 대한 세계적 환경 동향을 알리고, 국내외의 선도 기

2010년 4월 21~23일 서울에서 개최된 B4E 정상회의

유엔과 기업의 사회적 책임

업들의 사례를 공유하기 위해 다양한 노력을 기울여 왔다. 2007년 11월 '기후변화와 경영대안' 심포지움, 2009년 4월 '기업의 기후변화 대응과 녹색성장' 심포지움을 개최하여 기업들이 기후변화의 위험을 줄이면서도 기업의 가치를 창출할 수 있는 방안을 모색했다. 주로 기후변화와 관련된 국내외 동향과 에너지 절감기술, 신재생에너지, 친환경 경영, 기후변화 정책 및 전략, 자원 효율성 등 여러 분야에 걸쳐 그린 리더십을 발휘한 기업들의 사례를 소개하고 정부가 기업의 녹색 비즈니스 참여를 활성화할 수 있는 방안에 대해서도 논의했다. 유엔글로벌콤팩트 한국협회는 2010년 4월에는 유엔환경계획^{UNEP} 한국위원회와 협력하여 제4차 '환경을 위한 글로벌기업 정상회의 B4E$^{Business\ for\ Environment}$'를 개최하여 글로벌 기업이 당면할 환경의 도전을 중점 부각시키고, 기업의 환경책임에 대한 전략과 최선의 실천을 논의하는데 참여하였다.

2012년 6월 브라질 리우데자네이루에서 개최하는 Rio+20 UN 지속가능발전 정상회의는 1992년 리오 환경회의 이후 20년간의 지속가능발전 성과를 평가하고, 현재의 환경, 자원, 경제 위기에 위한 국제사회의 대응을 논의하는 중요한 회의이다. Rio+20 UN 지속가능발전 정상회의에 앞서 기업지속가능성 포럼$^{Corporate\ Sustainability\ Forum}$이 개최되어 지속가능한 세계 경제 구현방안을 논의할 것이다. 유엔글로벌콤팩트도 Rio+20 회의에 참여하여 Rio+20 의제를 바탕으로 지속가능발전에 중점을 두고, 녹색경제 등 새로운 과제에 대한 대응 전략을 논의할 예정이다. 유엔글로벌콤팩트가 참여하는 목표는 1) 글로벌 지속가능성에 대한 기업의 공헌확대 및 강화, 2) 저탄소 경제로의 빠른 탈바꿈을 위한 효과적인 인센티브 및 정책 개발, 3) 실현가능성 높은 기술 및 해결책을 모색하기 위한 기업, 산업, 정부 및 시민 사회간 협력 동원 등이다.

이뿐 아니라, 유엔글로벌콤팩트는 '물 관리 책무$^{CEO\ Water\ Mandate}$', '기후에 대한 배려$^{Caring\ for\ Climate}$' 등과 같은 기후변화 관련 이니셔티브를 통해 전 세계 기업들이 친환경 목표를 달성하는데 있어, 전략적이고, 구체적인 도움과 네트워킹을 제공하고 있다.

4) 유엔글로벌콤팩트 환경 주요 이니셔티브

가. 기업 CEO 수자원 관리책무 CEO Water Mandate 소개[37]

'기업 CEO 수자원 관리 책무'는 2007년 7월 유엔글로벌콤팩트에 의해 설립된 公-私$^{public-private}$ 간 협력 이니셔티브로서 기업들이 수자원을 지속적으로 관리할 수 있는 정책과 방법들을 개발하고 실행하도록 돕고 있다.

물과 관개 시설의 부족은 인도적, 사회적, 환경적, 경제적으로 큰 피해를 끼치고 있다. 세계적인 물 위기는 유엔의 개발 목표를 달성하는 데에도 큰 장애물로 작용하고 있는 실정이다. 기업 CEO 수자원 관리 책무는 기업들이 직·간접적으로 이 같은 도전들을 극복하는데 크게 기여할 수 있다는 믿음에서 출발하였다.

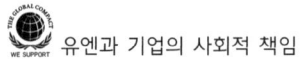 유엔과 기업의 사회적 책임

각 기업의 CEO가 기업 CEO 수자원 관리를 지지함으로써 해당 기업은 유엔글로벌콤팩트의 비전과 MDG 목표에 부합하는 방향으로 수자원을 관리할 것을 선언하게 된다. 이 과정에서 정부, 유엔 기구, 비영리 기구 및 다른 이해관계자들과 협조해야 할 것이다. 원칙의 이행은 기업의 자발성에 맡기므로 변화를 위해 행동하려는 각 기업의 의지가 중요하다.

구체적으로, 기업 CEO 수자원 관리 책무는 직접 생산 Direct Operation, 공급 체인과 강 유역 관리 Supply Chain and Watershed Management, 공동 행동 Collective Action, 공공정책 Public Policy, 커뮤니티 참여 Community Engagement, 투명성 Transparency 등 여섯 가지 핵심 영역에서 기업의 지속가능 경영을 이룰 수 있도록 지원하고 전반적인 수자원 관리 방법을 개발할 수 있도록 돕는다.

물과 위생관리는 개도국과 선진국 모두에게 중요한 문제이다. 세계의 특정지역은 극심한 물부족을 이미 경험하고 있다. 이러한 지역들의 현황은 유엔환경계획 UNEP이 발간한 글로벌 환경 전망 보고서 Global Environmental Outlook Report와 글로벌 국제적 물 평가서 Global International Water Assessment 그리고 유엔개발계획 UNDP에서 발간한 인류개발 보고서 2006 Human Development Report 2006에서 논의되었다.

2012년 1월 현재 미국 코카콜라, 네슬레, 유니레버, 프랑스 수에즈 등 세계 유수기업의 비즈니스 리더들이 기업 CEO 수자원 관리 책무의 비전에 동감하고 세계 물 위기를 해결하려는 움직임에 동참하고 있다.[38] 한국 기업으로는 대구은행, 웅진코웨이가 '기업 수자원 관리책무 CEO Water Mandate' 서명에 참가했다.

동 이니셔티브의 참여를 위해서는 기업 CEO의 지지서명이나 그에 준하는 문서 제출이 필요하다. 기업 CEO 수자원 관리 책무의 가입은 규모와 업종에 관계없이 유엔글로벌콤팩트 UNGC의 모든 회원 기업에게 열려있다. 유엔글로벌콤팩트의 회원이 아닌 경우, 기업 CEO 수자원 관리 책무에 서명한 후 6개월 이내에 유엔글로벌콤팩트에 가입하겠다는 의사를 표명하면 가입이 가능하다. 기업 CEO 수자원 관리 책무를 지지하는 기업들은 실행 경과를 담은 연간 보고서를 '투명성 정책' 기준에 따라 작성하여 제출해야 할 의무가 있다.[39]

지속적인 활동이 가능하고 포괄적인 물 자원 운영전략을 개발하기 위하여 CEO Water Mandate는 1년에 두 번 컨퍼런스 working conference를 개최한다. 이를 통해 세계의 수자원 전문가들과 실무자들이 전문기관, 시민사회단체, 물 관련 전문기관, 유엔 기구, 정부단체 등과 소통할 수 있는 장을 마련하고 있다.[40]

이 밖에도 기업 CEO 수자원 관리 책무는 가입 기업들이 관련 UN 기구 및 프로그램 등 핵심 기관 및 관련 종사자들과 파트너십을 맺을 기회를 제공한다. 또한, 가이드 자료 제공 이외에도 추가적인 연구 조사를 진행할 예정이다. 마지막으로 수자원 지속가능성에 대한 유엔 행사와 유수의 국제기구 공공정책 토론에 참가하는 기회를 가질 수 있다.

나. 기후에 대한 배려(Caring for Climate) 소개[41]

'기후에 대한 배려' 이니셔티브는 2007년 글로벌콤팩트 정상회의에서 반기문 유엔 사무총장의 제안에 의해 시작되었다. 기후에 대한 배려는 자발적이고 국제적인 이니셔티브로서, 기업 공동체가 기후위기를 경감시키는 동시에 회사의 가치창조를 추구할 수 있는 해결책을 찾을 수 있도록 하는 것을 목적으로 유엔글로벌콤팩트, 유엔환경계획, 세계지속가능발전기업협의회 *WBCSD*에 의해 공동 개발되었다.

동 이니셔티브를 지지함으로써, CEO들은 기후변화대응/녹색성장의 목표 및 전략을 설정하고 공개를 한다. Caring for Climate은 출범 1년 만에 비즈니스 리더 250명의 지지를 받았으며, 2012년 1월 현재 전세계 65개국 약 400개 기업이 서명하였다.

기업의 리더십 발휘를 위한 무대(The Business Leadership Platform)

"신속하고 대담하며 포괄적인 기후변화 대책이 필요합니다. 기업들은 탄소발자국을 줄이고 혁신적인 해결책을 마련하기 위한 행동을 시작해야 합니다. 본인은 기업들이 특히 "기후에 대한 배려(Caring for Climate)" 와 같은 리더십 이니셔티브에 참가할 것을 권합니다."

– 반기문 유엔 사무총장의 2007년 12월 2일, 인도네시아 발리 국제연합 기후변화총회 연설

기후위기는 모두의 문제이며, 모두의 책임이다. 지구의 기후변화가 계속되고 있는지에 대한 과학적인 검증은 이미 끝났다고 보아야 한다. 화석연료의 연소, 삼림파괴 등 인간의 활동이 기후를 변화시키고 있다. 지금 이대로 방치한다면 이러한 기후변화가 인간의 생활패턴과 사업의 경영방식에도 큰 영향을 미칠 것이다.

빈곤한 나라와 지역 공동체가 입는 피해가 가장 크겠지만, 결국 기후위기는 우리 모두에게 영향을 끼칠 것이다. 그러나 우리가 지금 방안을 수립한다면 이미 시작된 기후변화의 진행경로를 바꿀 수 있다. 기후변화로 인한 장기적 대가를 치르는 것 보다 한시라도 빠른 대처를 취하는 것이 손해를 줄이는 길이다. 또한, 기후변화의 해결책은 곧 비즈니스 기회와도 연관이 될 것이다.

'기후에 대한 배려'에 참여함으로써 기업은 다음과 같은 이익을 기대할 수 있을 것이다.

기대 이익

- 기업의 기후 이니셔티브를 신용성과 지명도 높은 공동체와 제휴할 수 있다.
- 동종사로부터의 경험과 양질의 관례를 접할 수 있어 기후변화 대책전략을 명확히 하고 신기술 개발을 촉진할 수 있다.
- 기회를 이용하고 위험부담을 줄일 수 있다.
- 비젼, 혁신, 현명한 투자를 통해 아젠다 발전 과정에서 자사의 역할을 증명할 수 있다.
- 각국 정부들이 리더십과 혁신을 보상하는 인센티브와 규정을 만들도록 촉구하는 전지구적 목소리에 동참할 수 있다.

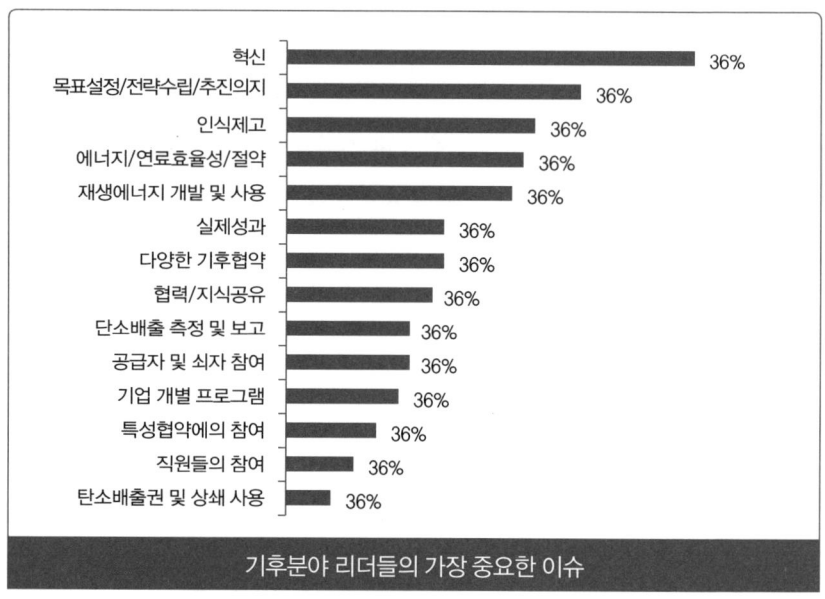

출처 : '기후에 대한 배려' 시리즈 – 최고의 관행들과 정책체계; 2009년 '기후에 대한 배려' 서명인 설문조사 (GlobeScan, 2009)

글로벌콤팩트의 모든 회원사들은 기후에 대한 배려 성명서에 서명하도록 권고받고 있다. 이에 참여하려면 climatechange@unglobalcompact.org에 CEO의 지지를 표명하는 이메일을 보내면 된다. 승인된 서명자는 유엔글로벌콤팩트 홈페이지인 www.unglobalcompact.org에 이름이 게시된다.

한국기업으로는 대우증권, 한국남동발전, 풀무원, 삼정KPMG, 유한킴벌리, 한국철도공사, 한국토지주택공사, 한국동서발전, 기업은행, 우리은행, 대구은행, 국민은행, 신한은행, SK텔레콤, LG전자, 홈플러스, 웅진코

웨이 등이 '기후에 대한 배려^{C4C}' 서명에 참가했다.

이와 같은 이니셔티브 활동에 참여함으로써 한국기업들 역시 환경문제에 적극적으로 대응하고, 성장 잠재력을 모색하며 세계무대에서 경쟁력을 확보할 수 있도록 노력해야 할 것이다.

5) 결론

기후변화 대응은 유엔의 최우선 순위 이슈이며, 유엔은 반기문 유엔사무총장의 리더십 및 각종 산하기구의 활동을 통해 사회 모든 계층이 기후변화 해결에 동참할 것을 권유하고 있다. 반기문 유엔사무총장이 지난 2008년 1월 다보스에서 2009년을 "다층적 위기의 해$^{the\ year\ of\ multiple\ crises}$"로 일컬었듯이, 기후변화는 우리의 발전을 위협하지만 기회가 될 수도 있다. 또한 반 총장은 기업들이 투명성을 견지하는 것은 단순히 옳은 일을 하는데 그치는 것이 아니며, 시장에서의 신뢰를 회복할 수 있게 된다는 점을 강조하였다. 이렇듯 기후변화가 우리사회에 위험을 가져다 줄 것은 이제 분명하다. 기후변화 이슈는 전 지구적인 협력이 필요한 이슈이며, 이로 인해 환경오염의 가장 직접적인 주체인 기업들에게 더욱 다양한 규제와 의무들이 계속해서 생겨나고 있다. 특히 우리 정부는 적극적인 녹색성장 전략을 수립하여, 2010년 '저탄소녹색성장기본법'을 제정하는 등 많은 노력을 하고 있다. 2010년 11월 서울 G20 정상회의에서도 기업의 사회적 책임과 녹색성장이 중요한 의제로서 논의되도록 하였다.

이러한 상황에서 기업들이 단순히 최소한의 환경적 규제를 지키는 것만으로는 새로운 환경에 대처하기 어려울 것이다. 정부, 국제기구, 세계시민 등의 규제 강화 여론으로 인해 탄소 배출 감소노력이 불가피하며, 소비자 역시 친환경적인 제품, 환경을 고려하는 제조과정 등 환경과 관련한 목소리를 높이고 있다. 협력사들 역시 탄소 발자국을 모니터링하고, 환경 교육을 제공하는 등 친환경 공급망을 도모하는 움직임을 더욱 확대하고 있다. 최근 들어 기업에게 새로운 이슈로 부상하고 있는 탄소규제법, 사회책임ISO, Carbon Print 도입, 탄소공개정보 프로젝트^{CDP}, 신재생에너지 증대가 등이 그 예이다. 이에 따라 기업차원에서도 전략적 대응이 필요할 것이다. 이런 활동들은 기업의 지속가능한 성장뿐 아니라 사회적 가치를 실현하는 것이다. 거세지는 전방위적인 요구에 정면으로 대응하여 기후변화와 친환경을 기업 혁신과 새로운 시장 개척의 대상으로 삼는 적극적인 자세가 필요한 시점이다.

이같은 기후변화 대응에 성공하기 위해서는 국제사회의 공유된 전망에 대한 분석과 강력한 대응을 위한 노력이 요구된다. 특히 유엔글로벌콤팩트는 기업의 환경 대응에 정보 공유 등 가이드 라인을 제시하는 등 중요한 역할을 수행할 것이다. 기업은 유엔글로벌콤팩트의 보편원칙에 기반을 둔 책임 있는 비즈니스 행동을 수행함으로써 경제의 지속가능발전과 동반성장을 뒷받침할 수 있다. 또한 저탄소 경제-녹색 일자리 창출, 재생가능 에너지 개발 그리고 에너지 효율에 바탕을 둔 지속가능한 미래를 창출하기 위해 한층 노력해야 할 것이다.

〈환경 관련 주요 도구 및 참고자료〉

- 기후에 대한 배려 : 비즈니스 리더들에 대한 요청
  기업들이 현실적인 대책들을 발표하고 경험을 나누고 공공정책에 대해 논의하는 것을 지원하는 '기후에 대한 배려' 참여 기회를 설명 *(UNGC/UNEP/WBCSD, 2008)*

- Connecting the dots – 기후변화가 시장위험과 기회에 주는 영향과 변화
  기후변화와 다른 글로벌한 주요이슈들의 밀접한 관계를 설명하는 내용. 세계의 정부들과 국제기구들이 새로운 단계의 정책에 대한 설명 *(UNGC, 2009)*

- 저탄소 경제의 챔피언들 – CEO들이 글로벌 기후합의에 준비된 이유
  전 세계 40명의 기업 회장들과 CEO들이 말하는 기후변화대응의 중요성
  (UNGC/Dalberg, 2009)

- 기후에 대한 배려 시리즈 – 최고의 관행들과 정책 체계 : 2009년 기후에 대한 배려 서명인 설문조사
  기후에 대한 배려 이니셔티브의 서명인들이 이행했던 관행들 중 가장 우수한 사례들을 모아 효율성을 평가한 내용 *(GlobeScan, 2009)*

- 기업 CEO 수자원 관리 책무
  수자원 관리에 대한 포괄적인 접근방법 개발을 지원하며 6가지의 핵심 주제를 다룸. 6가지 주제 : 직접운용, 공급망과 유역관리, 단체행동, 공공정책, 공동체 참여, 투명성 *(UNGC/Ministry for Foreign Affairs Sweden, 2007)*

- 기후변화와 범세계적 수자원 위기 – 기업들이 알아야 할 것과 해야 할 것
  기후변화와 물의 관계를 과학적인 측면과 기업경영의 측면에서 같이 본 내용. 서로 연계되어 있는 환경문제들에 대해 통합적으로 대처해야 하는 것이 중요함을 강조 *(UNGC/Pacific Institute, 2009)*

- 물 정보공개 2.0
  11개의 수력소모가 많은 부문에서 110개의 기업들을 추려내 현재 관행과 앞으로 다가올 수자원 보고 관행에 대해 분석하고, 물에 대한 정보공개를 위한 조언들을 제공 *(UNGC/Pacific Institute 2009)*

4. 반부패 운동과 제10원칙*

1) 실마리

　기업들이 사회의 구성원으로서 준수해야 하는 기본적 과제들 가운데 하나는 바로 윤리경영이다. 기업들은 이를 통해 모든 이해관계자들로부터 신뢰를 확보하고 이를 유지, 강화시켜 나갈 수 있다. 따라서 윤리경영에서의 성공은 장기적 관점에서 기업의 건전한 발전을 보장해 준다. 반면 당장의 눈앞의 이익에 매몰되어 윤리경영의 원칙들을 져버린다면 그런 기업들에게 미래란 모래 위에 세운 건축물과도 같은 모습이 되고 말 것이다.

　최근 한국 기업들이 보여주는 윤리경영 분야에서의 변화는 주목할 만하다. 인권, 노동, 환경, 반부패 등 10대 원칙의 준수를 서약하는 유엔글로벌콤팩트 UN Global Compact에 참여하는 회사들의 숫자도 크게 증가하고 있다. 경제 부문에서 글로벌콤팩트에 참여하기로 처음 약속했던 지난 2005년 3월 9일 투명사회협약 체결 당시 참여사가 전무했었던 상황을 돌이켜 본다면 이는 대단한 변화이다. 또한 적극적인 윤리경영에 나서고 있는 기업들도 한둘이 아니다. 그렇지만 국제사회에서의 한국 기업들에 대한 일반적인 평가는 아직도 부정적이다. 또한 글로벌콤팩트에는 가입했으나 기업 활동에서 구체적으로 그 원칙들을 이행하는 것과는 거리가 먼 경우도 적지 않다. 기업 거버넌스와 관련하여 국제사회의 흐름을 살펴보고 유엔글로벌콤팩트

* 작성자_ 김거성(한국투명성기구 회장)

제10원칙의 이행을 위한 과제들은 무엇인가 살펴보고자 한다.

2) 기업 거버넌스와 관련된 반부패운동의 흐름

가. 미국의 해외부패관행법

미국의 〈해외부패관행법The Foreign Corrupt Practices Act, FCPA 〉은 1970년대 중반 닉슨 대통령이 개입된 선거와 관련한 도청사건으로 출발한 이른바 워터게이트Watergate 사건을 수사하면서 미국 기업들이 일본 수상, 네덜란드 왕실 등 외국의 고위 공직자들에게 뇌물을 제공하여 거래를 성사시킨 록히드 사건 등이 드러나면서 형성된 반부패 여론에 힘입어 1977년에 제정되었다. 이 법은 미국 기업들이 해외에서 뇌물을 공여하는 행위를 국내법으로 처벌하는 내용으로, 해외 경쟁력 약화를 가져올 것이라는 기업 측의 우려에도 불구하고 미국 정부는 이 법을 기화로 이른바 반부패 라운드를 강력하게 추진하였다.

나. OECD 뇌물방지협약

경제개발협력기구OECD의 〈해외뇌물방지협약OECD Convention on Combating Bribery of Foreign Public Officials in International Business Transactions〉은 미국에서 해외부패관행법이 제정되면서 다른 선진국들도 같은 기준을 적용하도록 하자는 취지에서 채택되었으며, 1999년 발효되었다. 한국도 동 협약의 이행법률을 제정하여 운용이며, 우리나라 기업이 외국 공직자들에게 뇌물을 제공하는 행

유엔과 기업의 사회적 책임

위를 처벌하도록 하고 있다.

다. 국제투명성기구

국제투명성기구Transparency International는 지난 2003년 페터 아이겐Peter Eigen 등이 반부패를 활동의 중심 과제로 내걸고 창립하였다. 현재 약 100여 개 국가에서 각국 본부national chapter 또는 본부의 준비 단계 조직들이 있다. 우리나라에서는 1999년 8월 반부패국민연대가 창립되어 2000년 10월 국제투명성기구로부터 정식 한국본부Transparency International-Korea로 인준받아 현재까지 한국투명성기구란 이름으로 활동해오고 있다.

국제투명성기구가 반부패를 국제사회의 의제들 가운데 하나로 자리를 잡게 한 가장 영향력 있는 도구는 바로 1995년부터는 매년 발표해오고 있는 〈부패인식지수Corruption Perceptions Index〉이다. 이를 통해 각국 정부나 시민사회에 부패 문제의 심각성을 인식하도록 하여, 그 해결을 위해 나서도록 촉구해오고 있으며, 동시에 부패문제의 극복이 삶의 질을 높이는데 필수적인 요소임을 강조하는 계기로 삼았던 것이다.

그렇지만 부패란 받는 쪽만을 적발하고 처벌하는 것으로 해결되기 힘들다. 왜냐하면 뇌물 등은 받는 쪽만 있는 것이 아니라 그와 동일하게 주는 쪽이 있기 때문이다. 이처럼 '부패의 방정식'이란 개념에 기초하여 국제투명성기구는 OECD 뇌물방지협약 제정을 위한 노력을 경주했으며, 1999년 협약 발효 이후에는 그 이행을 촉구하며 각국의 이행 정도에 대해 모니터링하고 이행 강화 방안을 제시하는 등의 활동을 전개하고 있다.

기업들이 해외에 나가 비즈니스를 위해 뇌물을 주는 정도를 측정하기 위해 국제투명성기구가 개발해 낸 것이 바로 〈뇌물공여지수*Bribe Payers Index*〉이다. 이는 미국의 해외부패관행법이나 이후 OECD 협약 등에서 규정한 뇌물제공의 금지란 내용을 얼마나 준수하고 있는지에 대한 척도가 된다. 1999년 처음 발표된 이 지수는 세계에서 경제 부국이자 영향력이 큰 22개국에 본사를 둔 기업들이 해외 비즈니스에서 뇌물을 줄 가능성에 대한 순위로, 국제적으로 뇌물의 주는 쪽을 평가하기 위한 것이다. 이는 26개국의 기업 중역 2,742명에게 행한 질문, 즉 기업의 중역들에게 "거래하는 22개국 외국기업들이 해외상거래에서 얼마나 자주 뇌물수수에 개입합니까?"라는 질문에 의거하여 작성되었다.

조사 결과에 포함된 OECD 가입국은 14개국이었는데 한국은 여기서 이탈리아, 멕시코와 더불어 꼴찌 그룹에 속하였다. 이는 우리나라 기업의 해외 뇌물 관행이 여전하다는 것으로, 한국 기업에 대한 국제적 평판이 개선되지 않았음을 보여주고 있다. 반면 벨기에와 캐나다가 10점 만점에 8.8점으로 2008년 뇌물공여지수에서 1위를 차지하였다. 이는 이들 두 나라의 기업들이 가장 해외에서 뇌물을 주지 않을 것 같다는 것을 나타낸다. 이 결과는 정부가 해외 뇌물에 대한 기존의 법과 규제를 강화하기 위한 노력을 배가할 것과 기업들이 효과적인 뇌물방지 프로그램 채택의 필요성을 나타내는 것이라 하겠다.

국제투명성기구는 기업들이 부패와 싸우기 위한 여러 가지 도구들을 제공하고 있는데 그 가운데 하나가 바로 〈뇌물방지를 위한 비즈니스 원칙

유엔과 기업의 사회적 책임

Business Principles for Countering Bribery, BPCB〉이며, 특히 지난 2008년에는 중소기업에 맞게 이를 구성하여 내놓기도 하였다.

이 브로셔에서 원칙들로 제시하며 존중되어야 할 가치들로 소개하는 것은 첫째로 공정과 정직, 투명하게 비즈니스에 임할 것, 둘째로 직접적이거나 간접적이거나 비즈니스의 편의를 받기 위한 뇌물을 제공 또는 제의하지 않을 것, 셋째로 직접적이거나 간접적이거나 비즈니스의 편의를 주기 위한 뇌물을 받지 않을 것, 그리고 넷째로 이들 원칙들을 이행하고 지지하기 위한 프로그램을 개발할 것 등이다. 또한 국제투명성기구는 실제 기업들이 이 원칙들을 이행하기 쉽도록 하기 위한 단계별 전략을 제시하고 있다.

라. 유엔 반부패협약

이른바 반부패라운드의 결정판이라고 할 수 있는 유엔 반부패협약*UN Convention Against Corruption, UNCAC*은 2003년 10월 31일 유엔 결의 58/4호로 채택되었으며 같은 해 12월 멕시코 메리다에서 조인되었고, 2005년 발효되었다.

이 협약에서는 부패 행위를 공직의 남용을 위한 사적 이익의 추구라고 정의했던 과거 공직 중심의 부패에 대한 개념을 탈피하여 보다 적극적으로 기업에서의 부정부패까지도 통제 대상의 범죄로 포함시키고 있다.

이 협약의 당사국은 부패방지 정책을 마련하여 추진할 의무를 지며, 부패 관련 범죄를 처벌하고, 이를 위한 국제협력과 부패자산의 몰수와 환수, 기술 지원 등에 참여하도록 한다. 또한 당사국총회*Conference of State Parties*를 통해 동 협약의 이행 상황을 상호 점검하는 체계를 갖추고 있다. 우리나라도 2008년 국회에서의 비준을 거쳐 정식 당사국이 되었으며, 동 협약은 국내법과 동일한 효력을 갖고 있다.

아홉 가지 원칙으로 출발했던 유엔글로벌콤팩트도 유엔 반부패협약의 제정에 발맞추어 제10원칙을 추가하여 반부패를 기업들의 중심적 관심과 극복과제로 제시하고 있는 것이다.

마. ISO 26000

국제표준화기구ISO는 사회책임에 관한 표준인 ISO 26000을 제정하여 지난 2010년 11월 1일 이를 발표하였다. 이 표준은 하나의 지도안으로서, 특별한 인증이나 유사한 확인 과정이 없다는 점이 특이하다. 하지만 이런 표준이 제시된 이후에 공공이나 기업을 막론하고 어떤 조직이든 사회적 책임에 대한 기대수준이 높아져 그 이행 정도에 대한 평판이 더욱 중요시될 것으로 보인다.

우리나라 기업들이나 기관들은 불쌍한 이웃을 돌보는 것이 곧 사회적 책임이라고 보는 분위기가 압도적이다. 관련 활동을 담당하는 조직은 전국경제인연합회에서는 사회공헌위원회, 삼성의 경우는 사회봉사단이라 불린다. 이런 이름들은 다른 대다수 기업뿐만 아니라 공공기관이나 학교, 병원 등 많은 조직들에서도 사용되고 있다. 반면 사회적 책임이란 이름은 찾아보기 힘들다. 이런 용어 사용은 우리나라 대부분의 기업들이 '사회적 책임'이라는 용어조차도 부정적으로 생각하는 분위기를 반영하고 있는 것이라고 해석할 수 있다. 이런 형편에서 우리나라 기업들이 진정으로 글로벌 표준에 부합하고 나아가 이를 넘어서려면 무엇보다도 사회봉사나 사회공헌에 머물러 있는 관점의 총체적인 혁신이 우선적으로 필요하다.

기업의 사회적 책임은 무엇보다도 먼저 기업들 스스로 기업 활동의 정당성, 합법성, 윤리성 등을 살피는 데서 출발한다. 기업들이 인권을 침해하거나 노동자들을 정당하게 대우하지 않고, 환경을 훼손하거나 파괴하고, 또 뇌물 등 탈법적이며 비윤리적인 수단을 동원하고, 소비자나 주주, 관련 기업 등의 이해당사자들을 기만한다면 그 어떤 봉사나 공헌도 그런 잘못을 합리화할 수 없다.

기업이 법규준수나 윤리경영은 외면하고 뇌물 또는 분식회계 등 부정한 수단으로 돈을 벌고, 그 돈에서 조금 떼어 불쌍한 이웃들을 돕는 그런 봉사나 공헌이라면 과연 누가 이를 진정성 있는 것으로 받아들이겠는가? 그 경우 사회봉사나 사회공헌의 진정성은 의심을 떨쳐내기 힘들고 신뢰를 주기도 힘들 것이 분명하다.

이른바 '반기업정서'란 것도 따지고 보면 불법과 비윤리에 대한 반대에서 나온 것일 수 있다는 점에서 철저한 법규준수와 윤리경영만으로도 반기업정서의 대부분은 해소되고도 남을 것이다.

3) 제10원칙의 이행을 위한 기업의 과제들

가. 뇌물방지 경영원칙 존중 대내외 천명

유엔글로벌콤팩트의 가입은 참여사의 CEO가 10개 원칙에 대해서 수용하는 것을 명시적으로 천명하는 서한을 유엔 사무총장에게 보내는 것으로 시작된다. 그러나 참여사들 가운데 종종 CEO나 관련부서 직원들 외에는 글로벌 콤팩트 가입 사실을 모르는 경우를 발견하게 된다. 조직 구성원들이나 주주들, 나아가 이해관계자들에게 "우리 회사는 글로벌 콤팩트의 참여사로 다음 10개 원칙을 존중하고 이행할 것"이라는 점을 천명하는 것이 그 이행을 위한 일차적인 과제이다. 각종 광고, 홍보물이나 홈페이지, 안내문 등에 이를 명시하는 것도 좋은 방법이 될 것이다. 이 원칙을 존중한다는 대내외 천명이야말로 그 이행을 향한 첫걸음이 된다. 이 단계를 건너뛰고서는 실질적으로 그 어떤 진전도 이룩할 수 없다.

나. 제10원칙 이행을 위한 단계별 전략의 수립

기업들은 뇌물방지원칙의 단계별, 주체별 실천 전략을 수립해야 한다. 특히 그 전략에는 구체적으로 종사자, 주주, 비즈니스 파트너 등 이해당사자 등에 대한 교육 과정이 당연히 포함될 것이다. 그래야만 제10원칙이 실제 비즈니스에서 작동될 수 있다. 이를 위해서는 국제투명성기구가 제안하는 〈뇌물방지 비즈니스원칙*Business Principles for Countering Bribery*〉에 따라 단계별 전략을 수립하고 실천해 나가는 것이 바람직하다. 뿐만 아니라 국제투명성기구는 유엔글로벌콤팩트와 함께 제10원칙의 이행을 위한 단계별 전략으로 연결하여 실행 프레임웍*Business Against Corruption: A framework for action – Implementation of the 10th UN Global Compact Principle against corruption, 2005*을 출판 배포하고 있으며,

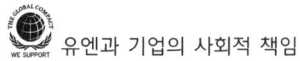 유엔과 기업의 사회적 책임

국내에서도 유엔글로벌콤팩트 한국협회가 한국투명성기구와 함께 이를 한글로 번역 출판하였다.

다. 듀 딜리전스(due dilligence)

Due dilligence는 우리나라에서 보통 '기업실사'로 번역되기도 하지만 이는 그 개념이 내포하고 있는 여러 가지 내용들 가운데 하나일 뿐이다. 따라서 사전적으로 선량한 관리자로서의 일반적 주의 의무라는 이른바 〈선관주의의무^{善管注意義務}〉란 개념으로 이해하는 것이 더 적절하다.

제10원칙과 관련해서는 기업이 사내 임직원들은 물론, 그 중개인, 대리점, 현지법인, 하청업체 등의 비즈니스 파트너들에게 본사의 뇌물방지 원칙을 설명하고, 그 상대방으로부터 이를 이해하였으며 존중하고 이행을 약속하는 내용에 서명하도록 하는 것도 듀 딜리전스의 이행에 중요한 수단이 된다. 미국 법제는 기업 내부에서 이를 위반한 부패 사건이 발생하더라도 듀 딜리전스를 이행한 경우에는 불법행위에 가담한 당사자만 책임을 지도록 하고 기업은 책임을 면하게 해 준다.

라. 리스크 관리와 적색 깃발

미국 연방거래위원회^{FTC} 등은 금융기관 등이 개인정보유출 사고를 방지하기 위한 조처로 이런 규칙$^{red\ flag\ rules}$을 제정하여 준수하도록 요구하고 있다. 또한 많은 선진 기업들이 '리스크 매핑$^{risk\ mapping}$' 기법을 도입하여 조직의 재무^{finance}, 운영^{operation}, 평판^{reputation} 등과 관련하여 리스크에 취약한 요소들을 '발생가능 빈도'와 '발생시 영향력의 강도' 양 측면으로 구분하여 목록화하여 관리하고 있다. 이처럼 조직 내에서 뇌물, 부정 등의 위험요소들을 적발하고, 예방하며, 완화시키기 위해서는 기본적인 위험요소들을 목록화하고 관리하는 빨간 깃발$^{red\ flag}$ 제도를 운영하도록 한다.

4) 매듭

안타깝게도 그동안 한국에서 윤리경영은 사회적 책임과 마찬가지로 기업들에게 필수요소가 아니라 권장할만한 추가적 미덕인 것처럼 여겨져 왔다. 그러나 윤리경영을 통해 주주는 물론, 나아가 비즈니스 파트너와 소비자 등을 포함한 모든 이해관계자들과 공정하고 투명한 관계를 확보하는 것은 결국 기업의 가치를 높이는 것으로 귀결된다는 점을 유념하지 않으면 안된다.

기업 영역에서 부패를 통제하며 공정거래와 사회적 책임의 이행을 권장하는 정책들은 더욱 강화되어야 한다. 사실 한국에서의 '반기업 정서'의 근원은 부패와 정경유착 등에서 찾아야 한다. 그러므로 '친기업 정서'를 이끌어내기 위한 가장 중요한 수단은 기업 거버넌스의 개선이며, 그 다음이 기업의 사회적 책임 이행이다. 기업 거버넌스의 본질적인 개선 없이는 어떤 정책적 지원이나 규제철폐도 결과적으로 기업의 경쟁력을 강화시킬 수 없고 기업의 가치를 끌어올릴 수도 없다.

우리나라에서 윤리경영이 보다 성숙하게 되려면 무엇보다도 기업들이

상행위에서 직간접적인 뇌물이나 온갖 금품, 향응, 편의제공 등을 추방하기 위한 〈뇌물방지 경영원칙〉을 구체적으로 실천해야 한다.

기업들의 이러한 노력과 아울러 정부와 국회 등에서도 하도급사와의 관계를 포함한 기업과 기업 사이에서 발생하는 부패를 효과적으로 통제할 수 있는 보다 강력한 장치를 마련해야 한다. 완벽하다고는 할 수 없겠지만, 미국의 해외부패관행법과 사베인스-옥슬리법$^{The\ Sarbanes-Oxley\ Act,\ SOX}$의 내용을 도입하여 〈기업부패방지법〉의 제정도 적극 고려해야 한다. 장기적으로는 공정거래위원회와 더불어 독립 반부패기관에도 기업부패 통제를 위한 권한을 부여하는 것이 필요하다.

동시에 윤리경영에 앞장서 노력하는 기업들에게 인센티브를 제공하는 것도 필수적이다. 이런 인센티브들에는 융자금의 이자율이나 조세의 감면, 정부의 조달에서의 가산점 부여, 정부 구매시 우선 배려 등을 포함할 수 있다.

유엔글로벌콤팩트 참여사를 포함하여 모든 기업들이 뇌물방지 원칙의 준수 등 윤리경영을 위해 노력을 기울이고 또한 모든 종사자들이 이에 주체적으로 참여한다면 당해 기업의 경쟁력 강화는 물론 우리나라 경제도 더욱 튼튼한 윤리적 기반을 다지게 된다. 동시에 이는 향후 더욱 강화될 기업의 뇌물방지 등 반부패 기준의 설정과 준수 요구에 대한 선제적인 대응책이 될 뿐만 아니라, 윤리경영과 청렴^{integrity}의 모범적 선진국으로 이름을 떨치게 하는 출발점이 될 것이다.

|제 2 장|
유엔글로벌콤팩트의 조직

1. 유엔글로벌콤팩트 본부의 구조

　유엔글로벌콤팩트는 자발적이고 네트워크 중심의 활동을 촉진하기 위해 관료적인 거버넌스 구조를 지양하고 다양한 이해관계자들의 참여를 도모하는 체제를 갖고 있다. 뉴욕 유엔 본부에 위치하고 있는 유엔글로벌콤팩트 사무국 ^{사무국장: Georg Kell}을 중심으로 각각의 서로 다른 업무를 지닌 7개의 독립체로 구성되어 있다.

- UNGC 리더 정상회의^{UNGC Leaders Summit} : 3년마다 반기문 유엔사무총장을 의장으로 하여 개최되는 회의로서, UNGC 회원사 대표들이 모이며, CSR과 관련한 가장 큰 규모의 회의이다. 최고위급 인사들이 기업의 사회적 책임과 유엔글로벌콤팩트에 대해 논의한다. 2010년에 개최된 제 3회 UNGC 리더 정상회의는 창립 10주년을 기념하며, "Building a New Era of Sustainability"라는 주제아래 전세계의

---

* 작성자_ 이준석(유엔글로벌콤팩트 한국협회 팀장)

비즈니스, 정부, 학계, 시민단체 영역의 1,500명의 오피니언 리더가 참여하여, 새로운 시대의 지속가능한 발전을 위한 올바른 방향과 모델에 대해 토의하였다.

- 로컬 네트워크 Local Networks : 90여 개 국에 로컬 네트워크가 설립되어 자국의 UNGC 기업 및 단체 회원이 10대 원칙을 이행하는 것을 지원하고 있다. 한국의 네트워크인 유엔글로벌콤팩트 한국협회는 2007년 설립된 이래로, 각종 컨퍼런스, 세미나 개최, COP 작성 지원, UNGC 관련 국제 행사 참여 주관 등을 통해 한국 회원사의 활동을 돕고 있으며, 국내에 UNGC 및 CSR 가치가 전파되고 주류화되는데 노력하고 있다.

- 연례 글로벌콤팩트 로컬 네트워크 회의 Annual Local Network Forum : 매년 각국 네트워크가 모여 각종 거버넌스 이슈에 대해 합의하고, 회원사의 참여와 활동을 촉진하기 위한 방안에 대해 토론한다. 2010년부터는 UNGC Week라는 명목으로 다른 부설 회의와 함께 매년 5~6월경 개최되고 있다.

- 이사회 Global Compact Board : 이사회는 연 2회 개최되어 유엔글로벌콤팩트의 주요 사항을 결정하고 사무국에 권고사항을 전달하고 있다. 이사회는 비즈니스, 시민 사회, 노동, 유엔이라는 4자 그룹대표로 구성되어 있으며, 매년 공식 회의를 개최한다. 유엔사무총장이 이사회의 의장이며, 20여 명으로 구성되어 있다.

- 2010년부터 UNGC는 회원사 중 글로벌콤팩트의 가치를 주도하고 물적으로도 기여한 대표회사들과 GC Lead그룹을 구성하여 연 2회 회의를 개최하고 있다. 우리나라는 창립초기부터 SKT와 홈플러스의 2개사가 이에 참여하고 있다.
- 사무국 Global Compact Office : 사무국은 유엔 총회의 인준 A/RES/60/215을 받아 설립된 유엔기관으로 유엔사무총장의 지휘아래 게오르그 켈 Georg Kell 사무국장 Executive Director이 책임을 맡아 유엔글로벌콤팩트의 제반 운영을 담당하고 있다.
- 범 유엔 기관 팀 Inter-Agency Team : 유엔의 7개 기관 OHCHR, ILO, UNEP, UNODC, UNDP, UNIDO, UNIFEM으로 구성된 범 유엔 기관 팀은 유엔글로벌콤팩트 원칙을 유엔과 모든 회원사에 내재화시킬 수 있도록 일관성 있는 지원 업무를 하고 있다.

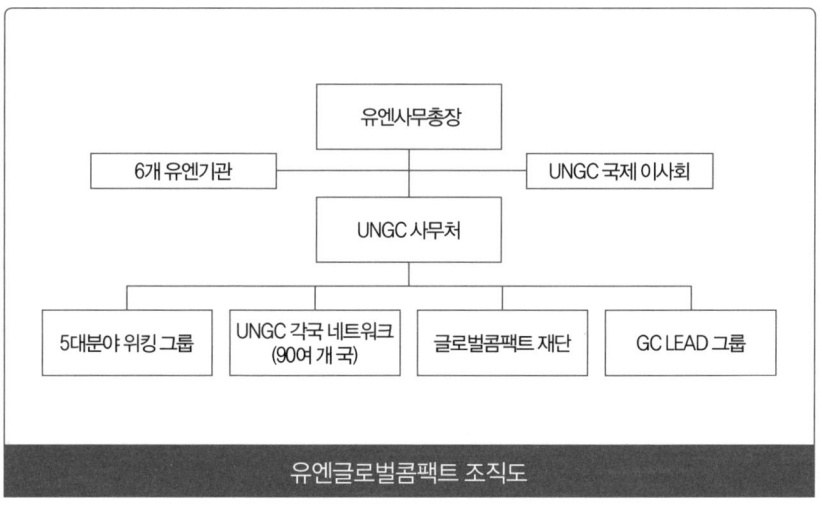

유엔글로벌콤팩트 조직도

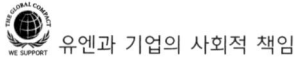 유엔과 기업의 사회적 책임

- 글로벌콤팩트 후원자 그룹^{Global Compact Donor Group} : 사무국은 정부가 유엔 신탁 펀드에 자발적으로 내는 기부금으로 운영된다. 한국을 비롯한 13개국가로 구성된 후원자 그룹은 연 2회 고위급 회의를 갖고 기부금의 효율적인 사용에 대해 논의한다.

2. 유엔글로벌콤팩트 로컬 네트워크

전 세계적으로 80여 개 UNGC 로컬 네트워크 사무소가 설립되어, 각국의 UNGC 회원사들의 10대 원칙 이행을 지원하고 있다. 이러한 로컬 네트워크는 UNGC 본부의 정책, 뉴스 등을 지역 회원사들에게 공지하는 한편, 지역 회원사들이 UNGC 본부차원의 국제 회의, 이니셔티브, 워킹그룹에 참여하는 것을 돕는 역할을 하고 있다. 또 회원사들이 적시에 COP 보고서를 제출하여 UNGC 회원의 지위를 계속 유지하도록 지원하며, 다양한 유엔글로벌콤팩트 원칙에 대한 인식 제고, 학습 프로그램도 운영하고 있다.

상공회의소나 UNDP 지역사무소를 중심으로 로컬 네트워크를 설립, 운영하고 있기는 하나 한국처럼 비영리 사단법인으로 기능하는 곳도 늘어나고 있다. 이외에도 기업의 CSR 부서, CSR NGO 및 CSR 연구소 등에서도 로컬 네트워크의 운영 업무를 맡는 등 그 구조는 다양하다. 유엔글로벌콤팩트 본부와는 관련 미팅, 이메일, 뉴스레터 등으로 긴밀한 협력을 하고 있다. 최근 연 1회 개최되는 Annual Local Network Forum에는 각국 로컬 네트워크 담당자가 모여 서로의 활동에 대해 공유하고 논의하며, 또 중요한 거버넌스 관련 사항을 결정한다. Regional Meeting에서는 보다 지역적인 차원에서 각국 네트워크가 직면한 위기와 기회에 대해 논의하고 네트워크간 협력 방안을 모색하며, Annual Local Network Forum에서 제기할 이슈에 대해 협의하기도 한다.

UNGC 본부에서 마련한 네트워크를 위한 포털인 KSS^{지식공유시스템, Knowledge Sharing System}은 네트워크간 정보 공유를 위해 마련된 웹 플랫폼으로 각 네트워크는 활동 상황, 정책, 발간 자료 등의 정보를 동 포털에 수시로 업로드할 의무를 갖는다. 동 플랫폼은 각 네트워크가 다른 네트워크의 활동을 벤치마킹하거나, 관련 통계를 알고자 할 때에도 이용된다.

유엔과 기업의 사회적 책임

| 제 **3** 장 |

유엔글로벌콤팩트 이니셔티브

1. 책임투자원칙
(UN PRI, Principles for Responsible Investment)*

1) UN PRI 설립 배경 및 목적

가. UN PRI란?

UN 책임투자원칙$^{Principles\ for\ Responsible\ Investment,\ PRI}$이란 기관의 투자가들이 ESG$^{환경, 사회, 지배구조}$와 같은 비재무적 요소[42]에 따른 리스크를 줄이고, 장기 수익을 달성할 수 있도록 돕기 위해 개발된 원칙이다. 본래 기관 투자에서는 수익성 등의 재무적 요소들이 중요시 되었다. 하지만 기업의 사회적 책임에 대한 사회의 인식이 높아짐에 따라 현재에는 비재무적 요소들 또한 투자의사결정의 중요한 요소로 부각되고 있다.

나. UN PRI는 어떻게 도입되었나?

---

* 작성자_ 신지원(Ecofrontier)

UN 책임투자원칙은 코피 아난 전 유엔 사무총장의 전폭적인 지원 하에 UNEP/FI와 UN Global Compact가 세계 유수의 기관투자가, 정부 및 정부 산하기관, 시민사회, 학계 등의 전문가들과 함께 약 2년 동안의 준비기간을 거쳐 2006년 4월 27일 뉴욕증권거래소에서 이 원칙을 발표하였다. 그리고 이때 30여 개의 기관투자가들이 이 원칙에 서명을 함으로써 기업들 스스로 책임투자원칙을 적극 도입할 것을 선언하였다. 반기문 유엔사무총장도 취임 이후 책임투자원칙을 적극 지지하며, 전 세계 투자자들에게 동참할 것을 촉구하고 있다.

다. 서명한 기관들은 어떤 일들을 하게 되는가?

PRI 서명을 하게 되면 서명기관들은 ESG 이슈 반영을 위한 공통 프레임워크인 책임투자원칙을 따르게 된다. 또한 세계 최대 기관투자가를 포함한 타 서명기관의 우수사례를 쉽게 접할 수 있게 된다.

게다가 다른 서명기관과의 협동업무 및 네트워킹을 통해서 PRI 관련 리서치를 진행하고 PRI 원칙을 도입하는 비용을 절감할 수 있는 효과도 얻게 될 뿐만 아니라 나아가 책임투자에 대한 적극적인 의지와 약속을 표명함으로써 명성적 이익도 얻을 수 있다.

2) 현재 PRI 참여 현황

가. 전세계의 PRI 참여기관들

현재 서명기관은 988개 기관으로 급속히 늘어났으며, 이들의 총 자산 규모는 약 3.3경원$^{USD\ 30\ trillion}$에 달하고 있다. 서명기관은 Asset Owners^{연기금}, Investment Managers^{자산운용사}, Professional service partners$^{ESG\ 리서치기관\ 등}$의 3개 그룹으로 분류된다. 캘리포니아공무원연금^{CalPERS}, 네덜란드공무원연금^{ABP}, 캐나다연금^{CPP} 등 세계 최대 연금들과 Mitsubishi UFJ, 스위스재보험 등을 포함한 Asset Owner 그룹의 247개 기관, HSBC, JP Morgan, BNP Paribas, 알리안츠, 골드만삭스 등 Investment Manager Group의 579개 기관, 그리고 RMG, EIRIS, Mercer, Oekom, FTSE 등 Professional service partners 그룹 162개 기관으로 구성되어 있다.

PRI 참여를 위해서는 CEO의 서명이 포함된 레터$^{조직,\ 자산규모,\ 가입의도,\ 의무\ 준수\ 등의\ 내용\ 포함}$를 PRI에 제출하고 PRI 사무국에서 내용 검토 후 가입 승인을 받으면 공식적으로 서명기관으로 활동하게 된다.

나. 우리나라의 PRI 참여 기관들

국내에서는 NH-CA자산운용, 알리안츠자산운용 등을 포함, 8개 기관이 2007년 6월에 서울에서 개최된 '2007 SRI International Conference'에서 책임투자원칙에 한국 최초로 서명한 이래 현재까지 총 15개 기관이 UN PRI에 서명하였다. 다음 표를 보면 한국뿐만 아니라 전세계의 PRI 서명 기관이 점점 늘어나고 있음을 알 수 있다.

제 2 부 유엔글로벌콤팩트란?

한국 서명기관 명단

Asset owners(2)	개발도상 국민연금, 사학연금
Investment managers(7)	리딩투자증권, 아크투자자문, 알리안츠자산운용, IWL 파트너스, NH-CA자산운용, PCA자산운용, W저축은행
Professional service partners(6)	기업지배구조센터, 서스틴베스트, 솔라빌리티, 에코프론티어, 좋은기업지배구조연구소, KOCSR

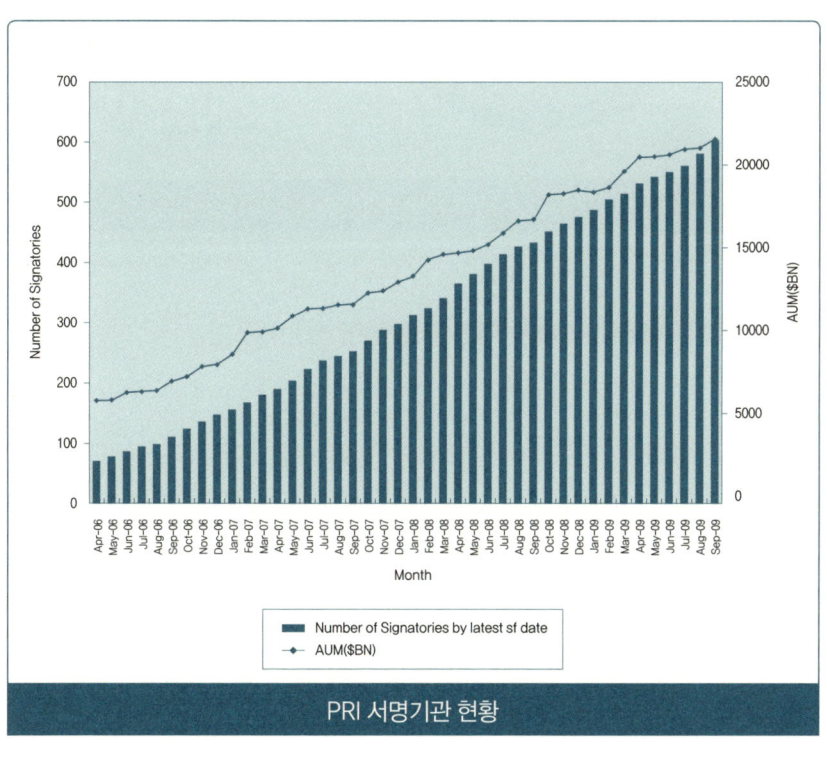

PRI 서명기관 현황

유엔과 기업의 사회적 책임

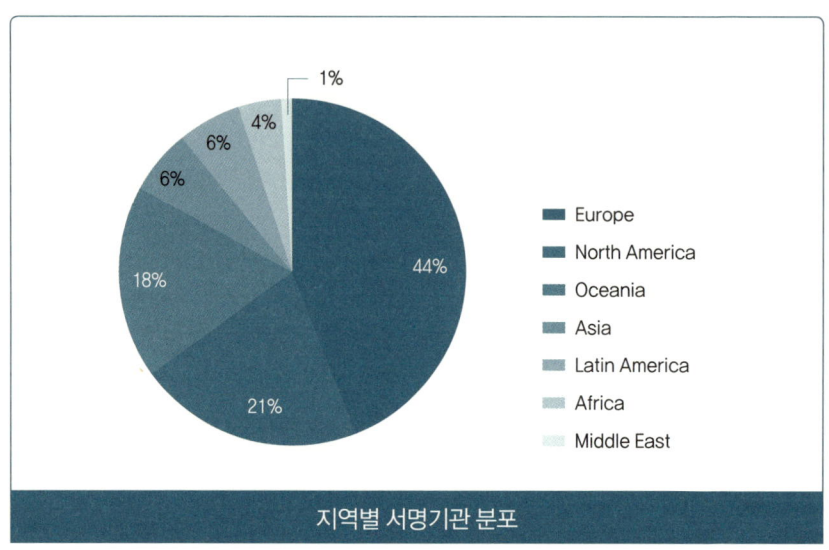

지역별 서명기관 분포

3) UN PRI의 6대 원칙에는 어떤 내용들이 있는가?

UN PRI는 아래와 같은 6대 책임투자원칙을 서명기관들이 준수하도록 하고 있다. 또한, 6대 책임투자원칙하에 35개 세부 활동을 제안하여 서명기관들이 책임투자활동을 장려하고 있다.

1. Integration of ESG : We will incorporate ESG issues into investment analysis and decision-making processes.
   (투자분석과 의사결정 과정에 ESG이슈를 적극 반영한다.)
2. Active Ownership : We will be active owners and incorporate ESG issues into our ownership policies and practices.
   (투자철학 및 운용원칙에 ESG 이슈를 통합하는 적극적인 투자자가 된다.)

제 2 부 유엔글로벌콤팩트란?

3. ESG Disclosure : We will seek appropriate disclosure on ESG issues by the entities in which we invest.
(투자대상(기업)에게 ESG이슈에 대한 정보공개를 요구한다.)

4. Promoting PRI : We will promote acceptance and implementation of the Principles within the investment industry.
(금융산업의 PRI 준수와 이행을 위해 노력한다.)

5. Collaboration : We will work together to enhance our effectiveness in implementing the Principles.
(PRI의 이행에 있어서 그 효과를 증진시킬 수 있도록 상호 협력한다.)

6. Reporting : We will each report on our activities and progress towards implementing the Principles.
(PRI의 이행에 대한 세부활동과 진행사항을 보고한다.)

4) 그럼, UN PRI는 주로 어떤 활동을 하는가?

● Clearinghouse

먼저 Clearinghouse^{클리어링하우스}라는 PRI 서명기관들간 협업을 위해 마련된 온라인 커뮤니티를 운영하고 있다. 서명기관들은 Clearinghouse를 통해 자사의 PRI 원칙 실행에 대해서 타 서명기관들과 공유할 뿐만 아니라 collaborative engagement^{공동 인게이지먼트활동. 43)}를 실행하기도 한다. 대부

분의 인게이지먼트는 기업들로 하여금 ESG 이슈에 대한 기업 성과를 개선하도록 하는 것을 목적으로 하고 있고, 투자자간 이슈에 대한 논의, 정책 개발자들간의 교류와 shareholder resolution에 대한 지원을 하기도 한다. 2009년에 PRI 서명기관의 2/3가 Clearinghouse에 로그인을 하였으며 84개 서명기관이 Clearinghouse에 협력을 위한 177개의 아이디어를 제안하였다. 2009년에 8,804개 기업에 대한 인게이지먼트가 Clearing-house를 통해서 이루어졌으며 글로벌 상장기업의 유엔글로벌콤팩트 활동을 촉구하는 대규모 이니셔티브인 'Seoul Initiative'도 진행된 바 있다.

● The PRI Reporting and Assessment

또한, PRI는 매년 서명기관들의 PRI 이행 여부를 평가하는 "The PRI Reporting and Assessment"를 진행한다. 2011년 리포트에서는 다양한 기관에 대한 case study를 보다 강조하는 형태로 작성되었다.

2007년에 처음 assessment를 시작한 이후 매년 참여하는 기관의 수도 꾸준히 증가하고 있다. 그리하여 2010년에는 총 545개 서명기관이 참여하였다. PRI 서명기관인 asset owners와 investment managers 들은 가입 후 1년 이후에는 의무적으로 이 과정에 참여해야 하고, 참여하지 않을 경우 서명기관 명단에서 빠질 수도 있다. 2011년의 평가결과, 초기 참여기관들이 높은 점수를 획득하고 있으며 이머징마켓 기관들이 상대적으로 낮은 점수를 취득하였다. 전년과 비교하여 원칙1^{ESG통합}과 3^{ESG정보공개요구}의 수준은 낮아졌으며, 원칙 2(적극적인 주주행동), 4(PRI전파), 5(협업), 6(보고)은 상승하는 결과가 도출되었다. 특히 원칙 5인 서명기관간 협업 분야는 Clearinghouse의 영향으로 큰 폭의 상승효과를 나타내었다.

2011년 평가 보고서 주요 결과

Governance, Policy and Strategy(GPS)	· 47%의 서명기관이 ESG Integration을 Listed equity에 적용 · 서명기관의 CEO과 CIO 중 70% 이상이 책임투자 교육을 받음
Principle 1	· Developed listed equity의 95%와 Emerging market listed equity의 87%에 ESG 이슈를 반영하여 투자의사결정 · AO는 내부운용자산의 73%, 위탁운용자산의 81%에 ESG 이슈를 반영하여 투자실행 · IM는 내부운용자산의 96%, 위탁운용자산의 66%가 ESG 이슈를 반영하여 투자실행
Principle 2	· 서명기관의 93%가 적극적인 Ownership 행사 · 서명기관의 78%가 적극적인 Engagement 실행
Principle 3	· 기업의 ESG정보 공개를 요청하는 투자자 확대 및 자산클래스 다변화(Listed equity 73% → 82%, Fixed income 11% → 13%)
Principle 4	· 전년대비 70% 이상 증가한 58%의 아시아 지역 서명기관이 책임투자활성화를 위한 적극적인 활동
Principle 5	· 책임투자원칙을 이행하기 위해 서명기관의 90%가 상호협력 · Engagement 이슈로는 환경분야가 34%로 가장 중요하게 반영됨
Principle 6	· 서명기관의 93%가 ESG이슈를 어떻게 투자의사결정에 반영하고 있는지 공개

5) 결론

이처럼 UN PRI는 지난 5년 여의 시간 동안 규모와 질적인 면에서 정말 많은 발전을 이루었다. 서명기관들의 참여도 많아졌을 뿐만 아니라, 금융위기에도 불구하고 ESG에 대한 고려와 투자과정으로의 통합은 이제 소수 사회책임투자기관들의 영역을 벗어나 메인스트림 투자자들도 받아들이는 것이 일반화되고 있기 때문이다.

또한, 실제 ESG의 개념적인 논의에서 떠나 asset owner를 중심으로 ESG의 투자 프로세스 통합이나 인게이지먼트와 같은 활동도 활발하게 이루어지고 있다. 따라서 PRI는 지속적으로 책임투자원칙 및 프레임웍 제공과 서명기관들의 네트워킹과 리서치를 지원하는 중요한 기관으로 자리매김하게 될 것이다.

2. 유엔책임경영교육원칙(UN PRME)*

1) 기업경영 패러다임의 전환

최근 기업경영 패러다임은 급격하게 변화하고 있다. 특히 전통적인 〈주주 관점의 경영패러다임 $shareholder\ value\ management\ paradigm$〉44)을 〈이해관계자 중심의 경영패러다임 $stakeholder\ relationship\ management\ paradigm$〉45)이 대체하고 있다. 글로벌 경영환경에서 기업은 이익만을 추구$pursue$해서는 안되고 기업활동을 둘러싼 사회의 모든 이해관계자의 효용가치를 균형적으로 고려하고 극대화할 수 있도록 노력할 때(즉 기업이 사회적인 책임을 다할 때) 기업의 이윤은 더불어 따라오는 것으로$ensue$ 보아야 한다는 것이다. 기업활동을 둘러싼 이해관계자란 종업원, 소비자, 협력업체, 투자자, 지역사회 그리고 넓게는 생태 자연환경을 포함한다.

현대 사회에서 기업이 글로벌 자본을 바탕으로 한 막강한 권력을 쥐게 됨에 따라, 기업은 이제 사회적 책임에 대한 요구도 더불어 부담하게 되었다. 그리고 사회적 책임을 균형적으로 고려하는 기업의 새로운 미션 이야말로 기업의 본원적 존재의 의미에 대한 깊이 있는 성찰이고, 인류가 사회적 시스템으로 택한 자본주의의 더 이상 미룰 수 없는 자아실현에 대한 요구이기도 하다.

---

* 작성자_ 박용승(경희대 경영대 교수)

기업의 사회적 책임과 이해관계자중심의 경영패러다임은 경영학 역사상 전혀 새로운 이론이 아닌 것은 사실이지만 많은 학자와 전문가들은 21세기 지식기반 경제환경의 변화와 새로운 인류 문명의 도래와 함께 최근 다시 일고 있는 기업의 사회적 책임과 이해관계자 중심의 경영패러다임이야말로 이 시대 기업의 유일한 생존전략이자 소명으로 자리잡을 것으로 확신하고 있다. *Pfeffer, 2009*

2) 책임경영교육과 UN PRME

가. 책임경영교육의 중요성

그런데 경영패러다임이 변화할 때에는 CEO 자신의 기업의 참된 의미에 대한 성찰과 새롭고 깨어있는 자본주의$^{conscious\ capitalism}$를 실천하려는 의지, 그리고 변화를 이끌어갈 진정성 있는 리더십$^{authentic\ leadership}$이 무엇보다도 가장 중요하다. 그 때문에 미래 기업의 CEO 교육을 맡고 있는 이시대 전세계 경영대학에게 대학교육의 사회적 책임$^{academic\ social\ responsibility}$의 주제를 가르쳐야 할 새로운 소명이 주어지게 된 것이다.

글로벌 경제환경이 본격화 된 이후 지난 수 십 년 간 전세계 경영대학의 커리큘럼은 주주가치 중심의 자본의 효율성 추구를 위한 각 기능별 최적화 시스템 개발에 초점을 두었다. 관료적 감독과 통제에 기반한 인사시스템, 생산자 중심의 마케팅 시스템, 자사 중심의 협력업체 관계관리, 환경문제와 같은 사회적 비용은 철저히 외면한 개발 생산 테크놀로지 등 사회적 공동선의 추구와 같은 기업의 사회적 책임과는 거리가 먼 철저한 자본 효율성 중심의 기능 방법론의 경영교육이었다.

하지만 인류 문명사회는 새로운 시대를 맞이하고 있고 많은 사람들이 보다 높은 의미와 가치의 추구를 갈망하고 있다. 또한 21세기 탈 산업화 시대의 경영환경은 기업 경영이 더 이상 관료적인 통제시스템으로는 이루어질 수 없으며 모든 이해 당사자들의 참여와 공감을 통해야만 가능해 짐을 시사하고 있다. 이익은 추구되어야 할 대상이 아니라 기업이 사회에 대한 책임을 다할 때 더불어 따라 온다. 경영대학 교육에서 자본주의와 기업경영의 존재론적 의미성에 대한 성찰이 필요해진 것이다.

나. UN PRME의 탄생

이처럼 경영대학이 새로이 부여 받은 경영교육사명의 구현을 위해 유엔 책임경영교육 사무국 Principles for Responsible Management Education: PRME이 발족되었다. UN PRME은 유엔글로벌콤팩트 UN Global Compact: UNGC 46)의 10대 원칙을 중심으로 전세계의 경영대학 혹은 경영대학원에서 기업의 사회적 책임과 이해관계자 중심의 새로운 경영패러다임을 기반으로 하는 책임경영 교육 6대 원칙의 실천을 도모하기 위해 2007년에 새로이 설립된 사무국이다. 전세계 경영대학은 UN PRME에 자발적으로 가입하여 일정한 사회적 배려와 책임의 기업가 정신을 강조하는 경영교육 원칙을 체계적이고 지속적으로 실천하고 있다.

PRME의 최초 논의는 UNGC 참여 대학회원들의 권고에 따라, 60여명

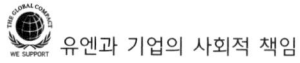 유엔과 기업의 사회적 책임

의 전세계 경영대학 학장, 총장, 경영대학 교수진의 개발로 이루어졌으며, 2007년 7월 제2차 UNGC 세계 정상회의에서 반기문 사무총장의 장려하에 마침내 공식 채택되었다.

PRME 공동관리 운영위원회의 구성은 세계 경영대학 인증협회인 AACSB$^{The\ Association\ of\ Advance\ Collegiate\ Schools\ of\ Business}$와 경영대학원 입학협의회인 GMAC$^{The\ Graduate\ Management\ Admission\ Council}$등을 포함, 전세계 경영교육관련 유력기관을 망라하고 있어 향후 전세계 경영대학의 교육방향에 지대한 영향을 미칠 것으로 보인다.

3) UN PRME의 내용과 운영방식

가. UN PRME 6대 원칙

PRME의 기본사명은 바로 UNGC가 지향하는 기업의 사회적 책임 관련 보편적인 가치를 경영대학의 교육커리큘럼과 연구에 결합하고 궁극적으로 깨어있는 자본주의 정신을 전 사회가 공유할 수 있도록 하는 대학의 사회적 기여의 틀을 제공하는 데 있다.

PRME은 특히 책임경영교육과 관련한 6대 원칙을 정하고 전세계 가입 경영대학으로 하여금 이를 준수하도록 하고 있다. PRME의 6대 원칙은 기업의 사회적 책임과 지속가능경영을 위한 비즈니스 리더의 양성을 위한 것이며 경영대학의 사명을 교육, 연구, 사회봉사의 분야로 나누어 제시하고 있다. PRME 책임경영교육 6대 원칙은 다음 표에 요약된 바와 같다.

UN 책임경영교육(Principles for Responsible Management Education: PRME) 6대 원칙

분야	원칙	내용
미션	원칙 1	우리는 학생들이 기업과 사회 전반적으로 지속가능한 가치를 창출하는 미래 지도자가 되고, 포용적이고 지속가능한 글로벌경제를 위해 일할 수 있도록 능력을 개발할 것이다.
가치	원칙 2	우리는 우리의 학술활동과 교육과정에 유엔글로벌콤팩트와 같은 국제적 이니셔티브에 제시된 글로벌 사회적 책임가치를 포함시킬 것이다.
교육	원칙 3	우리는 책임을 다하는 리더십에 관한 효과적인 학습이 가능하도록 하는 교육의 체제, 자료, 과정과 환경을 만들 것이다.
연구	원칙 4	우리는 지속가능한 사회, 환경, 경제적 가치의 창출에 있어 기업이 가지는 역할, 동태성, 영향에 관한 우리들의 이해를 증진시키는 개념적이고 경험적인 연구에 참여할 것이다.
산학 협력	원칙 5	우리는 사회적, 환경적 책임을 다하기 위해, 기업경영자가 직면하게 되는 도전을 더 잘 알고 이러한 도전에 대처하는 효과적인 접근 방식을 공동으로 찾아내기 위해 기업 경영자들과 협력할 것이다.
소통	원칙 6	우리는 글로벌 사회적 책임과 지속가능성에 관련된 중대한 이슈들에 대해 교육자, 기업, 정부, 소비자, 미디어, 시민 사회단체, 기타 관심있는 집단과 이해관계자들간의 대화와 토론을 촉진하고 지원할 것이다. 우리는 우리 조직(경영대학)자신의 관행이 우리가 학생들에게 전달하는 가치 및 태도의 모범이 되도록 해야 함을 인식한다.

나. PRME의 운영방식 및 참여현황

PRME의 운영방식은 UNGC와 마찬가지로 자발적 참여 프로그램의 형식을 택하고 있다. 참여희망 대학은 UN PRME과 그 원칙들을 지지한다는 내용을 포함한 기관장(학장)명의의 서한을 UN PRME 사무국장^{PRME 운영위원회} 앞으로 발송한 후 가입을 승인 받을 수 있다. 사무국의 홈페이지

(www.unprme.org)를 통하여 가입절차를 진행할 수 있고, 가입대학은 매년 추진경과보고서를 사무국으로 연 1회 제출하여 대학간 책임경영교육 추진 진행경과 경험과 정보를 상호 적극적으로 공유하도록 한다.

2012년 2월 현재 전세계 416개 경영대학이 참여하고 있으며 현재 우리나라에서는 KAIST 경영대학원, 경희대학교 경영대학, 아주대학교 경영대학, aSSIST^{서울과학종합대학원}, 서강대학교 경영대학 등 5개 대학이 참여하고 있다. 특히 경희대학교 경영대학은 UN PRME 및 UNGC 한국협회와 공동주관으로 2009년 5월에 열린 세계시민포럼$^{World\ Civic\ Forum}$의 특별세션으로 '아시아적 관점에서의 책임경영교육$^{PRME:\ Asian\ Perspective}$'을 개최하여 한국과 아시아권 주요 경영대학의 관심과 참여를 독려하기도 하였다. 동아시아국가가 글로벌경제에서 차지하는 위상과 중요성을 고려할 때 이 지역 경영대학의 PRME 참여는 향후 글로벌 기업의 사회적 책무실현에 큰 역할을 할 것으로 기대된다.

4) 결론 및 제언

이상에서 살펴본 바와 같이 유엔 책임경영교육 원칙은 경영패러다임의 근본적인 변화 및 기업에 대한 사회적 요구에 부응하기 위하여, '경영대학의 교육과정에 유엔글로벌콤팩트와 같은 국제적 이니셔티브에 제시된 글로벌 사회적 책임가치를 포함시킬 것'을 상정하고 있다.

또한 그 성과로서 경영대학의 교육, 연구 그리고 경영대학 자체의 조직

관리의 사회적 책임활동 등의 분야에서 책임교육원칙이 반영되고 있다. 특히 기업윤리, 인간관계, 기업의 사회적 책임 등과 같은 기본과목 이외에도 탄소배출권 거래시장^{재무}, 책임투자론^{재무}, 그린경영감사^{회계}, 윤리적 고용관계론^{인사}, MIS^{Management Information System} 윤리, 그린마케팅^{마케팅}, 공급사슬 지속가능성관리^{생산관리}, 친환경기술관리^{생산관리} 등 재무, 회계, 마케팅, 인사, MIS 생산 등 각 영역별로 사회적 책임의 중요성에 대한 논의가 이루어지고 있다. 뿐만 아니라, 이미 경영대학의 커리큘럼에 필수 혹은 선택과목으로 반영되고 있다. 나아가 기업윤리와 사회적 책임 관련 연구소의 설립, 학회활동, 연구과제 수행 등 대학에서의 책임경영 관련 연구도 활성화되어 가고 있는 추세이다.

이처럼 경영대학이 새로운 책임경영교육을 실천하기 위해서는 무엇보다도 경영대학 교수진의 시대적 공감과 동참이 뒷받침되는 조직문화의 개발과, 행정적으로는 학장의 리더십을 바탕으로 경영대학의 체계적이고 지속적인 행·재정적 지원이 요구된다. 책임경영원칙의 성공적인 구현과 실천을 위해서는 광범위한 조직 변화관리가 수반되는 이시대 경영대학의 매우 큰 도전인 것이다.

UN PRME 사무국은 인류사회의 공동선을 지향하는 깨어있는 자본주의 정신을 바탕으로 한 새로운 경영교육 패러다임을 선도해가는 전세계 경영대학간의 네트워크를 구축하고, 가입대학간 지속적인 정보교류와 협력의 장을 제공함으로써 이시대 경영교육의 사회적 책임을 완성하는데 크게 기여할 것으로 기대된다.

유엔과 기업의 사회적 책임

| 제 **4** 장 |

유엔글로벌콤팩트와 새천년개발목표(MDGs)*

> "Poverty is something that no one should endure. Markets can flourish only in societies that are healthy. And societies need healthy markets to flourish. This is why we have to boost out private-public alliance. We need to bring knowledge, resources and innovation together in a way that links sustainability with opportunities for growth".
>
> 빈곤은 누군가가 감당해야 하는 것이 아니다. 시장은 건강한 사회를 기반으로 번성할 수 있다. 우리 사회 또한 건강한 시장이 번성하기 위해 필요하다. 이것이 민관협력을 증진시켜야 하는 이유이다. 우리는 지속가능성과 성장의 기회를 연결할 수 있도록 지식과 자원, 혁신 모두를 함께 사용해야 할 것이다.
>
> — 반기문 유엔사무총장

1. 2000년, 유엔글로벌콤팩트의 발족과 새천년개발목표 (Millennium Development Goals, MDGs)의 수립

유엔은 새천년에 들어서면서 개도국의 개발을 촉진시키기 위해 전례 없는 민간 부문과의 협력을 추진하였다. 세계화가 진행되면서 지난 몇 십 년 간, 수 십억 명의 사람들이 빈곤의 나락으로 떨어진 채 도외시되어 온 반면,

---

* 작성자_ 김지현(서울글로벌콤팩트 연구센터 前연구팀장), 허정수(유엔글로벌콤팩트 한국협회 간사)

세계의 다른 한편에서는 급속한 경제·사회적 발전과 부를 누려왔다. 이러한 양극화 현상에 맞서기 위해 유엔은 새로운 방안을 모색하다 2000년에 유엔글로벌콤팩트라는 이니셔티브를 발족하였다. 유엔은 기업 부문이 긍정적인 경제, 사회적 발전에 핵심적인 역할을 할 수 있음을 인식하고 새로운 방안을 제시한 것이다. 이와 같은 유엔글로벌콤팩트의 발족은 개발 분야에 민간 부문을 참여시킴으로써 예전보다 더 혁신적인 방법을 모색하려는 유엔의 결심을 보여준다고 할 수 있다.

같은 해, 세계의 리더들은 유엔 밀레니엄 정상회의 UN Millennium Summit 에서 새천년선언 Millennium Declaration 에 서명하고 이에 대한 15년에 걸친 세부 실천 계획인 새천년개발목표 Millennium Development Goals 를 수립했다. 새천년개발목표는 192개 유엔 가입국과 23개의 국제 기구가 절대적 빈곤을 해결하기 위해 시한부의 수량화된 목표에 최초로 합의했다는데 큰 의미가 있다. 이 합의는 빈곤, 기아, 질병, 열악한 주거 환경 등 산재한 문제점들을 다양한 측면에서 해결하고자 하는 동시에 성 평등, 교육 그리고 지속가능한 환경을 도모하고자 한다. 새천년개발목표는 다음과 같은 8가지의 궁극적인 목표를 달성하기 위한 21개의 계측 가능한 세부적인 목표들로 이루어졌다. 새천년개발목표는 이를 통해 목표 달성 진행과 그 결과를 평가할 수 있도록 하여 15년 동안 세계 극빈국들의 사회·경제적 조건들을 개선하고 개발에 박차를 가하도록 계획되었다.

새천년개발목표(Millennium Development Goals)

 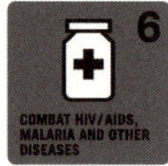  

|목표 1| 절대빈곤과 기아 퇴치
|목표 2| 보편적 초등교육의 달성
|목표 3| 성 평등과 여성능력의 고양
|목표 4| 유아(영아) 사망률 감소
|목표 5| 산모건강의 증진
|목표 6| HIV/AIDS, 말라리아 및 기타 질병 퇴치
|목표 7| 지속가능한 환경 보장
|목표 8| 개발을 위한 국제파트너십 구축

2. 개발의 새로운 장, 유엔글로벌콤팩트

유엔글로벌콤팩트와 새천년개발목표는 그 의미와 목표에 있어 밀접한 연관성을 지니고 있다. 앞에 이야기하였듯이 유엔글로벌콤팩트의 주요 목적은 1) 기업이 글로벌콤팩트의 10대 원칙을 경영전략과 활동에 적용시키는 것과, 2) 유엔새천년개발목표와 같은 유엔의 목표를 달성하기 위한 활동을 촉진하는 것이다. 유엔은 글로벌콤팩트라는 장을 통해 기업의 사회적 책임을 강조하고, 개발목표를 달성하는데 기업이 혁신적으로 일조하길 바란다. 유엔은 더 이상 기업이 단순히 금전적인 기부를 하는 기관을 넘어 유엔의 협력 파트너로 자리매김을 할 수 있도록 하고 있다.

최근 유엔에서 출판한 가이드라인 "개발을 위한 글로벌 콤팩트$_{Global\ Compact\ for\ Development}$"에서는 새천년개발목표가 "기업이 개발에 참여하는 시작점$_{entry-point\ for\ business\ to\ engage\ in\ development}$"[47]으로 인식될 수 있다고 한다. 기업은 글로벌 이슈들과 문제점을 해결함으로써 국가 개발 의제를 발전시킬 뿐 아니라 새로운 시장을 창출하고 최하 소득계층$_{Bottom\ of\ Pyramid}$에 있는 새로운 잠재적 소비자층을 확대할 수 있다. 이제는 포괄적인 사회적 목표를 발전시키는 것이 기업의 성장 및 안정의 확보와 밀접하다는 인식이 기업들 사이에서 점차 확대되고 있다. 새천년개발목표에 대한 기여는 기업의 명성과 신용에 긍정적인 영향을 미친다는 점 역시 분명한 사실로 여겨지고 있다.

3. 새천년개발목표에 대한 기업 공헌의 경향

과거에는 새천년개발목표에 대한 기업의 공헌이 주로 자선활동의 형태를 띠었다. 예를 들어, 학교나 보건소를 짓거나 문화 예술 조직들을 지원해

유엔과 기업의 사회적 책임

주는 등의 활동이 주를 이루었다. 이러한 활동은 무형의 혜택, 즉 주로 단기적이고 수량화할 수 없으며 책임질 필요가 없는 재정적 공헌으로, 전통적인 경영 전략의 한 부분이다. 이러한 자선 활동 모델의 경우, 기업 환경이나 경영 방침의 변화에 크게 영향을 받기 때문에 기업의 사정에 따라 쉽게 사라지기도 한다.

유엔은 2008년 UNDP 보고서 "모든 이를 위한 가치의 창출 : 저소득층과의 사업전략 Creating Value for All: Strategies for doing business with the poor"에서 기업들이 새천년개발목표를 달성함과 동시에, 성공적인 수익을 올리는 기업모델의 사례와 전략들을 제시하기 시작했다. 이 보고서에서 "포괄적 비즈니스 Inclusive Business"라는 표현을 사용하며, 저소득층에게 이득이 되는 지속가능한 비즈니스를 강조했다. 최근 출간한 "Accelerating Progress Towards the Millennium Development Goals Through Inclusive Business" 리포트에서도 "포괄적 비즈니스"[48]의 잠재력과 중요성을 다시 한 번 강조하고 있다. 포괄적 비즈니스는 저소득층에 맞추어, 공급, 생산, 유통, 마케팅 상품 및 서비스 등 기업의 가치 사슬 사업을 재구성함을 의미한다. 이것은 저소득층 소비자의 경제 수준에 맞는 제품을 판매할 뿐 아니라, 이들에게 새로운 일자리와 교육 기회를 제공하여 빈곤 지역에 지속가능한 생산 구조를 만드는데 도움을 주는 전략이다. 이 리포트에서 강조하는 "포괄적 시장 inclusive market"은 자선보다는 기업의 핵심 사업 core business에 중점을 두고 있음을 유념해야 한다.

제 2 부 유엔글로벌콤팩트란?

　유엔글로벌콤팩트는 기업이 전통적 자선 활동에서 벗어나 단기적이면서도 중장기적인 목표를 가지고 전략적인 사회공헌 활동을 통해 개발에 참여할 것을 촉구하고 있다. 이러한 전략적 사회공헌은 기업의 기술력과 동원력을 이용하여 다양한 개발이슈에 효과적으로 공헌할 수 있다. 기업 참여의 범위는 민관 협력이나 일자리와 소득 창출, 기술 제공부터 사회적 혜택 제공이나 노동, 인권에 대한 기업 정책 수립, 그리고 기업 지배구조와 투명성 확보 등의 활동을 모두 아우른다. 최근 보고서인 "더 밝은 세계를 위한 혁신–새천년개발목표 달성을 위한 기업의 역할*Innovating for a Brighter Future: the role of business in achieving the MDGs*"은 새천년개발목표를 위한 기업 공헌의 동향에 대한 몇 가지를 언급하고 있다.

핵심 기업 활동과 가치 사슬	사회 투자와 복지 활동	공공 정책 개입
- 농촌/저소득 인구를 위한 제품 개발과 채택 - 신용, 모바일뱅킹 등의 금융 서비스 제공 - 현지 공급 업체나 서비스 공급자 이용 혹은 현지 유통망 구축을 통한 비즈니스 가치사슬의 현지화 - 자원 관리 향상을 통한 환경 보호/보전 활동 통합	- 기업 공급망 내부 혹은 더 광범위한 운영 측면에서의 전략적인 재정적/현물적 투자를 통한 가치 사슬 내의 투자 - 사회적 목표를 성취하기 위한 프로그램을 향상시키기 위한 기술 도입	- 상업성과 사회적 목표를 동시에 만족하는 비즈니스와 개발의 공통적 의제를 고려 - 단지 자발적인 업계 기준을 만들기 보다는 의무적인 기준과 공식적인 규제 강화

개발과 MDGs에 대한 기업 공헌 동향[49]

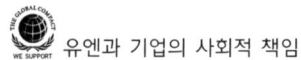 유엔과 기업의 사회적 책임

　위와 같은 방법으로 다국적기업들은 이제 기업의 이익이 점점 더 많이 개발 목표들과 맞물려 있다는 사실에 점차 공감하면서 공헌 범위를 넓혀 가고 있다. 최근 많은 기업들이 앞으로 기업 생존 능력은 빈곤 퇴치나 교육 보건 향상, 환경 보존이나 성 평등과 같은 개발 이슈와 맞물려 있다는 점을 보다 깊이 이해하고 있으며, 다른 NGO와 국제기구들과의 협력 또한 확대해 가고 있다. 개별 기업 수준에서 벗어나 산업간 또는 특별 이슈에 중점을 둔 체계적인 해결 방안도 모색하는 등 기업들은 다른 기업들과 상호 보완을 통한 협력을 추진 중이다. 최근에는 중소기업들 또한 자신의 역할과 공헌을 늘려가고 있는 추세이다.

4. 새천년개발목표에 대한 유엔글로벌콤팩트 회원의 참여

　유엔글로벌콤팩트 회원사들은 저개발국가에서 긍정적인 영향을 보여주며 개발분야의 개척자로서 활발한 활동을 전개하고 있다. 2008년 유엔글로벌콤팩트 연차보고서상에서 새천년개발목표 성과 조사에서 50%의 유엔글로벌콤팩트 회원사들이 유엔개발목표를 위해 업종간 파트너십에 참여하고 있다고 답하였다. 이 중에서도 다음과 같이 새천년개발목표의 일곱 번째 목표인 '지속가능한 환경 보장'에 중점을 두고 기업 활동을 전개해 온 회사들이 많은 것으로 알려졌다.[50]

제 2 부 유엔글로벌콤팩트란?

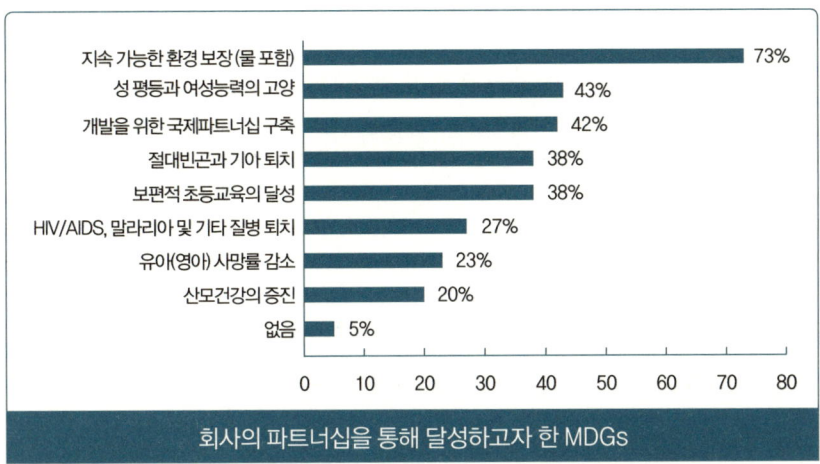

회사의 파트너십을 통해 달성하고자 한 MDGs

또한, 2010년 연차보고서는 회원사들을 대상으로 한 설문조사를 인용하면서 응답 회원사 중 76%가 유엔의 목표 및 당면과제들에 대응하고 있으며, 여러 분류 중 '지속가능한 환경'과 '교육'에 대하여 가장 중점적으로 대응하고 있음을 알려주고 있다.[51]

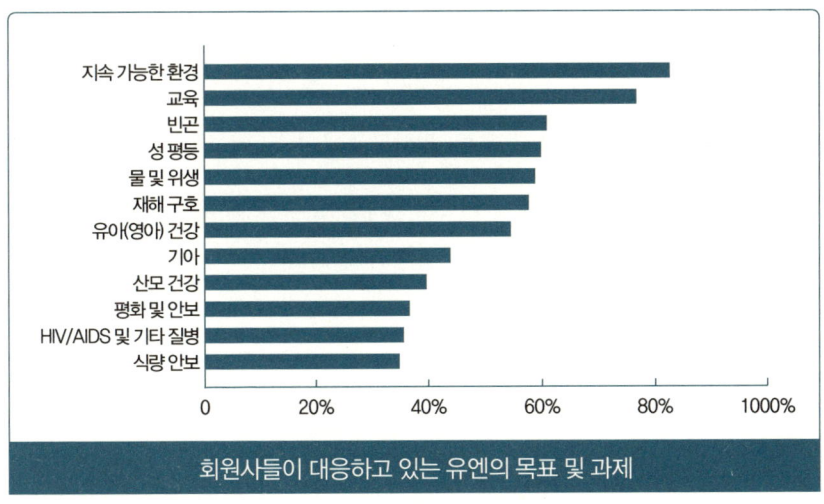

회원사들이 대응하고 있는 유엔의 목표 및 과제

이 중 81%는 비정부기구와 협력해 오고 있으며, 66%는 타 기업과 협력한 것으로 나타났다.[52] 이는 회원사들이 점점 더 개발 목표 추구에 있어서 융통성과 창의성을 보여주고 있으며 그것들을 실행에 옮기고 있음을 시사한다.

실제로, 네덜란드의 화학 회사 DSM N.V.는 세계식량프로그램^{WFP}의 영양상태와 삶의 질 개선의 파트너로 활동하고 있으며, 세계식량기구가 지정한 영양학적 필요사항을 근거로 여러 지원을 하고 있다. 이 프로그램은 푸드 바스켓의 양과 질의 개선에 초점을 맞추고 전세계 약 9천만 명의 영양부족 상태 개선에 기여하고 있다. DSM은 세계식량프로그램에 전문성을 살려 영양가 높은 제품들과 재정적 지원을 제공하고 있다.

한편, 인텔^{Intel}은 개도국의 학교 교실에서 사용할 목적으로 저가의 개인용 컴퓨터 라인을 출시한 바 있다. 또한, 힌두스탄 유니레버는 샥티^{Shakti} 프로그램을 통해 농촌 여성들에게 유통업 훈련을 시키고, 그 프로그램을 수료한 1만 3천 명을 대상으로 유통망을 구축하였다. 이를 통해 힌두스탄 유니레버^{Unilever}의 시장 점유율은 약 30% 가량 증가하였으며, 힌두스탄 유니레버는 현재 7천만 명의 소비자를 확보하고 있다.

아울러 남아프리카의 모바일 통신회사 MTN은 케냐, 르완다, 탄자니아에서 실시간 건강 보고를 위한 "Phones for Health"라는 프로그램을 운영하고 있다. 이 프로젝트는 의료종사자들에게 관련 자료를 입력하는 표준기준을 제공하고 입력된 데이터를 분석하여 인터넷을 통해 다양한 건강 당국 관계자들에게 제공하고 있다. 이 시스템은 SMS 경보 알림의 역할을 포함해 의료 종사자들 간의 의사소통을 원활하게 하는 역할을 하고 있다.

이외에도 일부 기업들은 사회적 투자와 자선 활동을 통해 새천년개발목표에 공헌을 하고 있다. 나이키와 스타벅스는 "레드 캠페인"과 같은 혁신적인 재원 조달방식, 즉 제품의 구매가 질병 퇴치 기금으로 쓰일 수 있도록 하는 시스템을 구축하였다. 알코아*Alcoa*의 경우 NGO 등 관련 단체와 연합하여 온실가스 배출의 보고와 회계를 위한 국제기준을 코드화하는 목적의 "온실가스협약"을 수립했다.

해외 기업들뿐만 아니라 국내 기업들의 공헌 활동 또한 활발해지고 있다. 지난 2010년, 서울글로벌콤팩트 연구센터는 새천년개발목표를 향한 국내 기업들의 공헌 사례를 모아 "새천년개발목표를 위한 UNGC 한국 회원사의 활동*Collective Actions of UNGC member companies of Korea in support for MDGs*"이라는 리포트를 출간하였고, 2010년 9월 유엔 민간부문 포럼*UN Private Sector Forum*에서 이를 배포하여 우리 기업의 새천년개발목표 기여 사례를 세계에 알리기도 하였다. 앞으로 더 많은 한국 기업들이 다양한 파트너십을 결성하고 빈곤 등 국제적 문제들을 해결하기 위해 보다 활발한 활동을 하길 기대한다. 국내 기업들이 여러 가지 공헌 활동을 하고 있지만, 이를 새천년개발목표

 유엔과 기업의 사회적 책임

와 같은 국제적 목표와 연계시키지 않아, 국제적인 무대에서 기업들의 다양한 공헌활동을 알릴 수 있는 기회가 적은 것이 사실이다. 국내 기업들도 더 많이 국제 개발에 참여하고 이를 기업 성과와도 연결시키는 윈윈 전략을 계속적으로 개발해야 할 것이다.

5. 글로벌콤팩트 발족 10년 후, "개발을 위한 글로벌콤팩트" 강조

2010년, 유엔글로벌콤팩트는 발족한지 10년을 맞이하여, 여러 유엔 기관들과 함께 기업 부문과의 관계를 강화하기 위해 모범 사례와 교훈을 공유하고, 새로운 자원과 방법 등을 모색했다. 그 결과, 2010년 6월에 열린 유엔 민간부문 포럼 UN Private Sector Forum에서 유엔은 기업이 어떤 식으로 개발에 공헌 할 수 있는가에 대한 직접적인 가이드라인을 담은 다양한 문서들을 제공할 수 있었다.

특히, "개발을 위한 글로벌콤팩트"[53]라는 가이드라인은 민간부문이 개발을 가속화 할 수 있는 실현 가능한 단계들을 보여준다. 위 가이드라인은 글로벌콤팩트와 새천년개발 목표의 연관성을 강조하고 있으며, 새천년개발목표에 일조하기 위해 기업이 어떻게 해 나아가야 하는지 알려주고 있다.

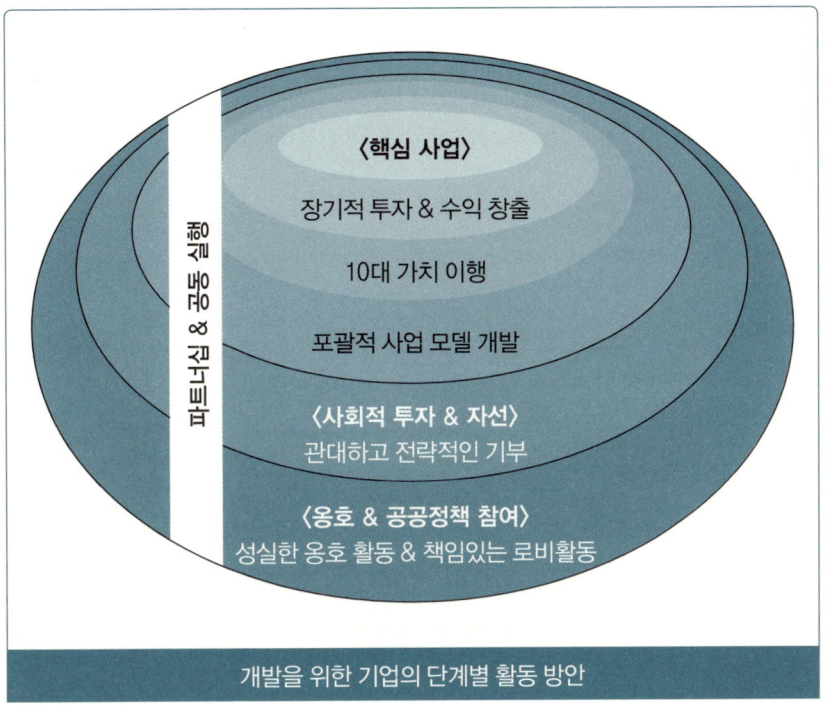

개발을 위한 기업의 단계별 활동 방안

6. 유엔글로벌콤팩트의 부산세계개발원조총회 참여

지난 2011년 11월 29일부터 3일간 개발협력 분야의 최대, 최고위급 회의로서 개발협력을 위한 원칙과 규범을 논의하기 위한 세계개발원조총회가 부산에서 개최되었다.[54] 총회는 전통적인 선진국-개도국 간 협력뿐만 아니라, 신흥경제국, 민간기업, 시민사회 등 새로운 개발협력 파트너들과의 포괄적 협력을 통해 개발협력 활동의 실질적인 영향력 및 효과성의 증대를 도모하는 새로운 국제개발협력 패러다임의 구축을 핵심 목표로 삼았다.

특히, 부산총회에서는 세계개발원조총회 사상 처음으로 민간기업 대표가 참여한 민간포럼이 개최되었다. 국제기구 인사, 주요 경제단체 및 기업인 대표 200여 명이 참석한 이번 포럼은 대한민국 정부, 유엔개발계획, 유엔글로벌콤팩트, OECD 기업산업자문기구^{BIAC}가 공동 개최하였으며, 유엔글로벌콤팩트 한국협회가 전경련과 함께 주관하였다.

반기문 유엔사무총장은 기조연설에서 "비즈니스는 고용과 혁신에 있어 주요한 원동력이며 전세계적인 지속가능 개발은 충분한 민간 투자가 폭넓은 성장에 뒷받침될 때 가능하다"고 역설하였다. 또한 반 총장은 "성장, 투

민간포럼에서 기조연설중인 반기문 유엔 사무총장

자 및 비즈니스 활동은 지속가능해야 하고, 책임감을 동반해야 하며, 최상의 기업윤리 기준이 적용되어야 한다"고 밝히면서 "이 모든 것이 유엔글로벌콤팩트 원칙에 부합하며 현재 140여 개 국가의 6,000여 개 이상의 기업이 글로벌콤팩트 이니셔티브에 동참하고 있고, 이들은 기업이 단기적 이윤을 추구하기보다는 장기적 가치를 지향해야 한다는 점을 인식하고 있다"고 강조하였다.

유엔글로벌콤팩트 한국협회는 전경련과 협력하여 협회의 회원사 및 전경련 회원 기업들을 대상으로 부산세계개발원조총회의 민간포럼을 홍보하고 기업의 참여를 이끌어냈다. 국내기업 연사로 유엔글로벌콤펙트 한국협회의 회원사인 SK와 LG전자 및 대성그룹이 동참해, 개발원조 분야의 민관협력 및 기업의 중추적 역할에 대해 논의하였다. 참석자들은 한국 및 신흥경제국의 개발경험을 중심으로 개도국의 경제 성장을 위한 민간분야의 역할, 그리고 민관협력에 관한 경험과 시사점을 공유하였다. 예컨대, 주요 기업들의 민관협력 경험을 중심으로 성공 및 도전 과제를 분석하였으며, 이를 통하여 개도국의 지속가능하고 포괄적인 성장을 위한 구체적인 민관협력 강화 방안을 논의하였다.

아울러 부산총회에서는 핵심 개발 파트너로서 민간분야의 역할과 그 기여를 인정하고, 민관협력을 통한 개발효과성 제고의 모색이라는 목적으로 '민관협력 확대 및 강화를 위한 공동성명'이 채택되었으며, 이 성명의 승인

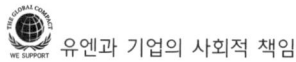 유엔과 기업의 사회적 책임

에는 유엔글로벌콤팩트도 참여하였다.

유엔글로벌콤팩트는 부산총회의 참석을 통하여 국내외 민간기업들의 국제개발협력에 대한 관심과 참여를 높이는 계기를 마련하는데 기여하였음에 의의가 있다고 하겠다. 또한 유엔글로벌콤팩트는 기업의 사회적책임 가치가 부산총회의 핵심 목표인 새로운 국제개발협력 패러다임 구축에 최대한 반영될 수 있도록 최대한 노력하였다.

7. 결론

MDG 2011 리포트는 그동안 새천년개발목표를 달성하는데 있어 얼마나 많은 진전이 이루었는지 보여주고 있다. 이 리포트는 국가별, 지역별로 진행된 성과도 다르며, 최근에는 새로운 위협인 기후변화로 인해, 다소 진행이 늦어지거나 이때까지의 달성이 무효화 된 현상도 있다고 알려주고 있다.[55]

2015년까지 3년밖에 남지 않은 지금, 목표달성을 위해 더 많은 노력이 필요하며, 이를 위해서는 새천년개발목표 추진의 가속화를 위한 노력이 필요하다. 책임 있는 경영 실천과 파트너십을 통한 개발 분야에서의 민간 부문의 참여는 새천년개발목표 성취를 앞당기는데 필수적이다.

유엔 목표를 위한 기업의 활동은 기업에도 명성과 신뢰를 가져다 줌으로써 긍정적인 영향을 미친다. 그렇기 때문에, 기업들은 창의적인 사회공헌 방법을 모색하여 기회를 획득하기 위해 더욱 신중한 태도로 접근해야 할 것이다. 기업은 새천년개발목표와 같은 유엔 활동 지원의 중요성을 깨닫고 NGO, 정부, 시민 사회 기구 등과 함께 힘을 합쳐야 한다. 미래의 새로운 소비자와 새로운 시장을 개척하고자 하는 기업 자신을 위해서도 유엔글로벌콤팩트의 사회적 책임 가치와 유엔의 새천년개발목표의 중요성은 모든 기업의 주요 관심사로 자리잡아갈 것이다.

제 3 부
기업 지속가능성의 동향과 과제

제 3 부 기업 지속가능성의 동향과 과제

| 제 1 장 |

유엔글로벌콤팩트와 ISO 26000의 관계*

ISO 26000이란 조직에 대한 사회적 책임의 기본 원칙과 사회적 책임 관련 핵심 주제와 쟁점에 대한 지침을 제공하고, 기존의 조직 전략, 체계, 관행 및 절차에 사회적 책임 행동을 통합하는 방법에 대한 지침을 제공하는 국제표준이다. 2004년 신규 표준제정안이 제출된 이래 지금까지 총 8차례의 표준작업반 총회가 개최되었으며, 2010년 11월 1일 국제표준으로 발간되었다.

〈 ISO 26000 국제표준 개요 〉

- 표 준 명 : 사회적 책임에 대한 지침
- 표준번호 : ISO 26000(SR)
- 목 적 : 조직의 지속가능한 발전에 기여하도록 지원
- 적용대상 : 전 세계 모든 형태의 조직
- 표준형태 : 지침을 제공하는 국제표준
  경영시스템 표준이 아님(제3자 인증, 규제, 계약용이 아님)

* 작성자_ 정은주(한국표준협회 팀장)

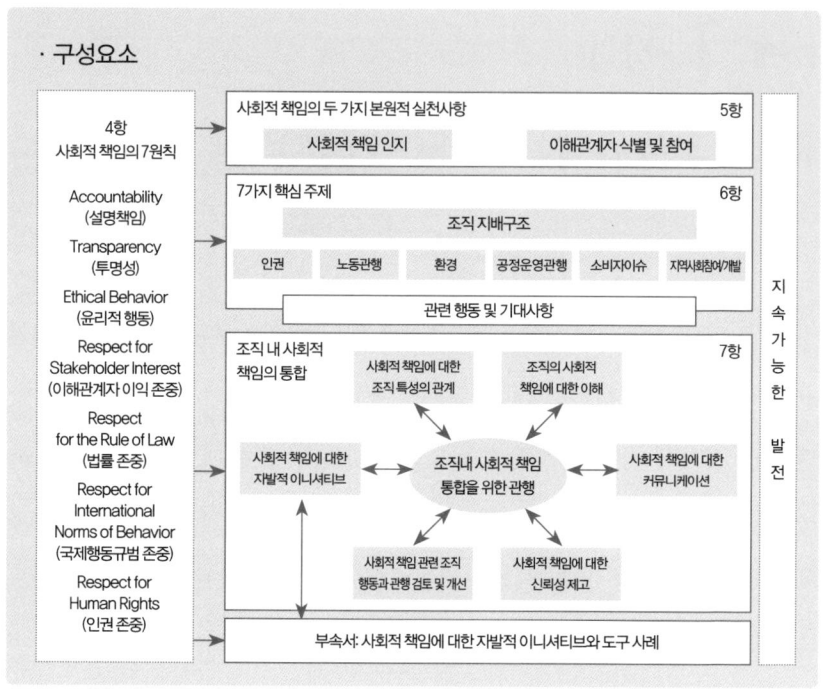

ISO 26000 국제표준을 육하 원칙으로 정리하면 다음과 같다.

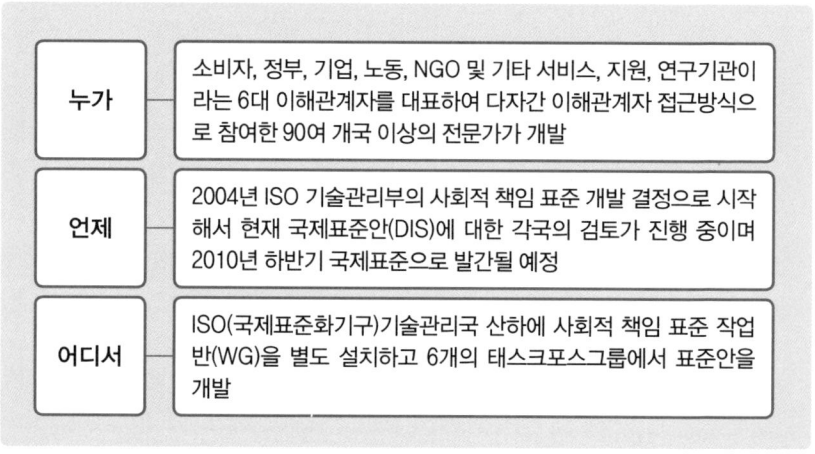

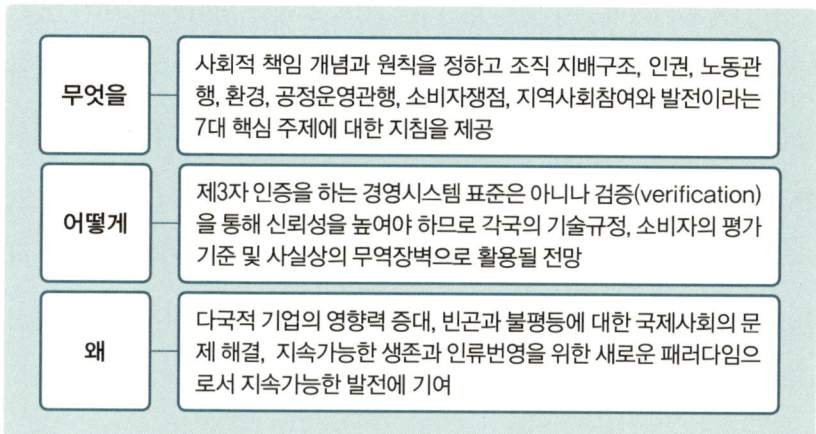

1. 유엔글로벌콤팩트와 ISO 26000의 연관성

글로벌콤팩트와 ISO 26000의 관계는 2006년 양해각서 체결로부터 시작한다. 이를 기초로 하여 유엔글로벌콤팩트의 10대 원칙과 일맥상통하는 ISO 26000의 개발, 확산 및 지원과 관련한 두 기관의 공고한 협력관계가 구축된다. 즉 ISO 26000은 사회적 책임과 관련된 기존의 이니셔티브들에 의해 개발된 최상의 실행방식을 적극 살리고 보충하고 있는 것이다.

그렇다면 실제 유엔글로벌콤팩트와 ISO 26000은 구체적으로 어떻게 연관되어 있을까? 유엔글로벌콤팩트는 전 세계 기업 활동이 10대 원칙 실천을 주류로 하고 새천년개발목표를 포함한 유엔의 광범위한 목표를 지원하는 행동을 촉진하는 것을 목적으로 하고 있다. 이러한 목적은 지속가능한 발전에 기여하고자 하는 ISO 26000의 목적과 일치한다. 또한, ISO 26000에는 총 133개의 참고문헌이 있는데 이 중 ILO 관련이 66개, UN과 인권 관련이 19개, 환경 관련이 19개 및 기타 29개로 구성되어 있다. 이러한 참고문헌의 구성을 볼 때 유엔글로벌콤팩트의 근간인 인권, 노동, 환경, 반부패의 중요성을 반영하고 있으며 그 맥락을 같이 한다고 볼 수 있다. 다만 ISO 26000은 유엔글로벌콤팩트의 노동규칙 3~6번 원칙을 인권에서 다루고 있는 점이 다르다.

이제 유엔글로벌콤팩트의 10대 원칙과 ISO 26000이 서로 어떻게 보완되고 있는지 구체적인 연관성을 살펴보도록 하자.

유엔글로벌콤팩트	원칙 1. 기업은 국제적으로 선언된 인권보호를 지지하고 존중해야 한다
ISO 26000	6.3.인권 6.3.1.2 인권과 사회적 책임 조직은 그 영향권 내의 인권을 존중할 책임이 있다. 인권에 대한 존중과 인정은 법률과 사회 정의 및 공정 개념의 필수 사항으로 널리 인식되며, 사법체계와 같은 사회의 가장 필수적인 기관의 기본적 토대로 간주된다. 인권의 가치와 실현은 문명의 척도가 된다
유엔글로벌콤팩트	원칙 2. 기업은 인권 침해에 연루되지 않도록 적극 노력한다
ISO 26000	6.3 인권 6.3.5 인권 쟁점 3 : 공모 회피 인권의 잠재적인 공모와 관련된 두드러진 분야로 보안체계가 있다. 이런 관점에서 조직은 그 보안체계가 인권을 존중하고

ISO 26000	국제규범 및 법 집행을 위한 표준과 일치함을 증명한다. 보안인력(정규직 또는 계약직)은 이러한 인권 표준에 대한 지지를 포함하여 적절하게 훈련한다. 보안절차 또는 인력에 대한 불만사항은 해결되어야 하며, 즉각적이고 적절하며 독립적으로 조사한다. 추가적으로 조직은 - 인권침해 과정에 제품이나 서비스를 이용하는 객체에게 제품이나 서비스를 제공하지 않아야 한다. - 협력 관계에서 인권을 침해하는 협력업체와 공식적 협력 관계를 구축하지 말아야 한다. - 구매되는 제품이나 서비스가 생산되는 사회적 환경적 조건을 소개해야 한다. - 해당 국가에서 고려되는 고용 상의 차별 행위를 묵과하지 않음을 증명하는 행동을 취하거나 수행함을 고려해야 한다. 조직은 실사 과정에서 법적 및 사회적 기준의 공통된 특성을 통합함으로써 공모의 위험을 깨닫고, 예방하며 해결할 수 있다.
유엔글로벌콤팩트	원칙 3. 기업은 결사의 자유와 단체교섭권의 실질적인 인정을 지지하고
ISO 26000	6.3 인권 6.3.10 인권 쟁점 9 : 직장에서의 기본 원칙과 권리 이러한 권리들이 여러 관할권 내에서 법률로 제정되어 있지만, 조직은 다음의 쟁점사항들을 다루는 것을 독립적으로 보장한다. - 결사의 자유 및 단체교섭권 : 노동자가 구성하거나 참여한 대표 조직들의 단체 교섭을 위한 목적을 분명히 인식한다. 고용 기간 및 조건은 노동자가 선택한 자발적 단체 교섭을 통해 정해질 수 있다. 노동자 대표는 자신의 업무를 효과적으로 이행할 수 있게 하는 적절한 편익을 제공받아야 하며, 어떠한 간섭 없이 자신의 역할을 수행할 수 있어야 한다. 단체 협약에는 분쟁 해결을 위한 조항이 포함되어 있어야 하며 노동자 대표는 의미 있는 협상을 진행하는데 필요한 정보를 제공 받아야 한다. 추가적인 정보는 6.4를 통해 제공되며, 특히 단체·결사와 단체교섭의 자유가 사회적 대화와 어떠한 관련성을 맺고 있는지 등이 제시된다.

 유엔과 기업의 사회적 책임

유엔글로벌콤팩트	원칙 4. 모든 형태의 강제노동을 배제하며
ISO 26000	6.3 인권 6.3.10 인권쟁점 8 : 직장에서의 기본원칙과 권리 강제노동 : 조직은 강압적이거나 강제적인 노동에 관여하거나 그로 인해 혜택을 누리려 해서도 안 된다. 어떠한 업무나 서비스도 당사자가 원하지 않은 상황에서 강요되거나 처벌에 대한 위협 때문에 수행되어서는 안 된다. 수감자가 아직 법정에서 유죄 판결을 받지 않았거나, 수감자의 교도소 내 노동에 대한 공공 기관의 통제 및 감독이 이루어지지 않을 경우, 조직은 수감자에게 노동을 강요하거나 이를 통해 이윤을 추구해서는 안 된다. 또한 자발성에 기초하여 수행되지 않거나, 증거들을 통해 입증되는 공평하고 사회기준에 맞는 고용 조건 등이 제시되지 않았을 경우, 민간 조직에 의한 수감자 노동이 이루어져서는 안 된다.

유엔글로벌콤팩트	원칙 5. 아동노동을 효율적으로 철폐하고
ISO 26000	6.3 인권 6.3.10 인권쟁점 8 : 직장에서의 기본원칙과 권리 아동노동 : 최저 고용 연령은 국제 규범들을 통해 정해진다. 조직은 아동노동에 관여하거나 이를 통해 이윤을 추구해서는 안 된다. 조직이 조직의 활동 또는 영향권내에 아동노동이 이뤄지는 것을 알았을 때, 조직은 아동노동 방지를 보장할 뿐만 아니라, 적절한 대체사항들, 특히 교육을 아동들에게 제공한다. 아동에게 해를 주지 않거나, 학교 등교에 방해를 주지 않거나, 아동의 성장에 필요한(오락 활동 같은) 활동 정도인 가벼운 노동은 아동노동으로 간주되지 않는다.

제 3 부 기업 지속가능성의 동향과 과제

유엔글로벌콤팩트	원칙 6. 고용 및 업무에서 차별을 철폐한다
ISO 26000	6.3 인권 6.3.10 인권쟁점 8 : 직장에서의 기본원칙과 권리 · 동등한 기회와 차별금지 : 조직은 조직의 고용 정책이 인종, 피부색, 성별, 연령, 국적 또는 출생국, 사회적 출신, 사회적 지위, 결혼 여부, 성적 취향, 장애, HIV/AIDS 감염 여부와 같은 건강 상태, 정치적 성향 혹은 다른 편견에 기반한 편견으로부터 자유로운 고용 정책을 확실시 해야 한다. 정책과 관행의 채택, 소득, 고용조건, 훈련과 승진에의 접근, 고용중단은 오직 업무 필요성에만 기반한다. 조직은 또한 직장 내 괴롭힘을 예방하기 위한 조치를 취한다. - 조직은 주기적으로 동등한 기회와 차별금지 촉진의 영향력을 평가한다. - 조직은 원주민, 이주노동자 혹은 장애인과 같은 약자집단의 보호와 발전을 제공하기 위해 긍정적인 활동을 취한다. 이는 장애인이 적절한 상황에서 삶을 영위하도록 돕기 위해 작업장을 설립하거나 혹은 청년 취업과 여성 및 여성고령층의 좀더 균형적인 대변 등의 쟁점을 표방하는 프로그램을 설립하거나 참여하는 것 등을 포함할 수 있다.
유엔글로벌콤팩트	원칙 7. 기업은 환경문제에 대한 예방적 접근을 지지하고
ISO 26000	6.5 환경 6.5.2.1 원칙(사전예방적 접근방식) - 사전예방적 접근 방식 : 환경과 개발에 관한 리우 선언 및 그 이후의 선언과 협약에 기인하는데, 이는 환경이나 인류의 건강에 심각하거나 회복 불가능한 손실, 충분한 과학적 확실성의 결핍 또는 완전무결한 확실성의 결핍 등의 위험이 존재하며, 환경에 대한 위협의 심각성이 환경적 손실이나 인류에 대한 위험을 방지하기 위해 비용절감적인 방법들을 연기하기 위한 이유가 되어서는 안된다는 개념을 발전시켰다.

유엔과 기업의 사회적 책임

유엔글로벌콤팩트	원칙 8. 환경적 책임을 증진하는 조치를 수행하며
ISO 26000	6.5 환경 6.5.2.1 원칙(환경적 책임) 조직은 다음 환경적 원칙들을 존중하고 이행한다. – 환경적 책임 : 조직은 국가 법령과 규정 조건을 따르면서, 지방 또는 도시지역과 광범위한 자연 환경에서의 조직의 활동, 제품 및 서비스로 인한 환경적 부담에 대한 책임을 받아들인다. 조직은 그 관리 혹은 영향권 내에서의 성과뿐만 아니라 조직의 성과 개선을 위해 노력한다.

유엔글로벌콤팩트	원칙 9. 환경친화적 기술의 개발과 확산을 촉진한다
ISO 26000	6.5 환경 6.5.2.2 고려사항(환경친화적 기술 및 관행 활용) 조직의 환경 관리 활동 시, 다음의 고려사항의 관련성을 평가하고, 접근 방법과 전략을 적절하게 활용한다. – 환경친화적인 기술 및 관행 활용 : 조직은 환경친화적인 건전한 기술 및 서비스를 채택하고, 가능할 경우, 개발 및 확산 장려를 위한 노력을 기울인다.

유엔글로벌콤팩트	원칙 10. 기업은 부당취득 및 뇌물 등을 포함하는 모든 형태의 부패에 반대한다
ISO 26000	6.6 공정운영관행 6.6.3 공정운영관행 쟁점 1 : 부패방지 부패 및 뇌물을 근절하기 위하여, 조직은 – 부패의 위험을 파악하고, 부패, 급행료, 뇌물, 금품 갈취 등을 저지하기 위한 정책 및 실천 사항을 실행하고 적용하며 개선한다. – 리더십을 통해 반부패를 구축하고 반부패 정책의 실행을 위한 헌신, 고취, 감독을 준비한다. – 뇌물 및 부패를 근절하기 위해 피고용인 및 대표자의 노력을 지원하고 진전에 대한 인센티브를 제공한다.

제 3 부 기업 지속가능성의 동향과 과제

ISO 26000	- 피고용인 및 대표자에게 부패와 부패에 맞서는 방법에 대해 교육하고, 인식을 제고한다. - 고용인 및 대표자에 대한 보상이 적절하고, 합법적인 서비스에 한한 것임을 검증하고 확인한다. - 부패에 맞서기 위한 내부적 관리의 효과적인 시스템을 구축하고 유지한다. - 피고용인, 협력업체, 대표자, 공급업체가 보복이나 해고에 대한 두려움 없이 조직의 정책 위반 사례를 고발할 수 있도록 하는 제도를 마련하여 이러한 고발 행위를 장려한다. - 형사법 위반을 관련 법 집행 당국에 알린다. - 조직이 관련을 맺고 있는 다른 조직이 이와 유사한 관행을 채택할 수 있도록 함으로써 부패 근절에 힘쓴다.

이상의 비교표에서 볼 수 있듯이, 유엔글로벌콤팩트와 ISO 26000은 전 세계의 지속 가능한 발전에 기여하고자 하는 공통분모를 가지고 있다. 그러나 전체적으로 볼 때 다음과 같은 차이점을 발견할 수 있다.

첫째는 표현방식의 차이이다. 유엔글로벌콤팩트는 선언적인 형식으로 10대 원칙을 제시하고 있는데 비해 ISO 26000은 쟁점 해설, 관련 행위 및 기대사항으로 상술하고 있으며 조직의 기존관행과의 통합 방안에 대한 지침까지 상술하고 있다.

둘째는 적용대상의 범위이다. 유엔글로벌콤팩트는 기업을 대상으로 하는데 비해 ISO 26000는 기업뿐만 아니라 소비자, 노동, 정부, NGO 등 모든 조직을 대상으로 하며 조직의 종류, 규모나 조직이 소속된 국가의 수준에 관계없이 모든 형태의 조직에 적용된다는 점에서 다르다.

셋째는 효력의 성격이다. 유엔글로벌콤팩트는 세계 최대의 기업 시민

 유엔과 기업의 사회적 책임

이니셔티브로 규제가 아니라 설명책임, 투명성에 기초한 자발적 이니셔티브이다. 반면에 ISO 26000는 강제성은 없지만 국제무역 상거래의 준거로 적용될 수 있는 국제규범과 연성법 $^{soft\ law}$의 성질을 가진 국제표준이다.

넷째는 주제의 범위이다. 유엔글로벌콤팩트는 인권, 노동, 환경, 부패방지 4가지 주제를 다루고 있는데 비해 ISO 26000은 공정운행관행과 조직 지배구조, 소비자 쟁점, 지역사회 참여와 발전을 포함한 7가지 주제를 다루고 있다.

2. 결론

지금까지 살펴본 바와 같이 유엔글로벌콤팩트와 ISO 26000의 상호보완성은 두 기관의 양해각서 체결로 대변되며, 유엔글로벌콤팩트가 ISO 26000의 국제표준 개발 과정에 미친 영향과 부속서에 사회적 책임을 위한 이니셔티브의 사례로 포함된 것으로 확인할 수 있다. 따라서 ISO 26000 국제표준이 발간되고 이행이 확산될수록 유엔글로벌콤팩트 역시 더욱 촉진될 것으로 전망된다.

〈참고 1〉
ISO 26000 국제표준화 추진 경과

연 도	추 진 내 용
2001. 04	ISO이사회는 ISO/COPOLCO에 CSR 표준개발 검토를 요청
2002. 06	ISO/COPOLCO는 CSR에 대한 워크숍 실시
2002. 09	ISO이사회는 COPOLCO보고서를 채택하고 SR에 대한 전략 자문그룹(SAG) 구성
2004. 04	SAG는 ISO 기술관리부에 SR 보고서와 권고안을 제출
2004. 06	ISO 기술관리부는 ISO SR 가이드라인 표준개발을 결정
2004. 10	ISO 기술관리부는 신규표준제정안(NWIP)을 제출하고 스웨덴과 브라질을 공동 의장국으로 지명
2005. 01	ISO 투표결과 SR 표준개발 시작
2005. 03	ISO와 ILO간 MOU 체결
2005. 03	제1차 SR 총회(브라질 살바도르)
2005. 09	제2차 SR 총회(태국 방콕)
2006. 05	제3차 SR 총회(포르투갈 리스본)
2006. 12	ISO와 UN Global Compact간 MOU 체결
2007. 01	제4차 SR 총회(호주 시드니)
2007. 11	제5차 SR 총회(오스트리아 빈)
2008. 09	제6차 SR 총회(칠레 산티아고)
2009. 05	제7차 SR 총회(캐나다 퀘백)
2010. 05	제8차 SR 총회(덴마크 코펜하겐)

〈참고 2〉
ISO 26000의 핵심 주제와 쟁점

핵심 주제 및 쟁점	해당 항목
핵심 주제 : 조직 지배구조	6.2
핵심 주제 : 인권	6.3
쟁점 1 : 실사	6.3.3
쟁점 2 : 인권위험상황	6.3.4
쟁점 3 : 공모회피	6.3.5
쟁점 4 : 고충처리	6.3.6
쟁점 5 : 차별 및 약자집단	6.3.7
쟁점 6 : 시민권 및 정치권	6.3.8
쟁점 7 : 경제, 사회, 문화적 권리	6.3.9
쟁점 8 : 직장에서의 기본권	6.3.10
핵심 주제 : 노동관행	6.4
쟁점 1 : 고용 및 고용관계	6.4.3
쟁점 2 : 근로조건 및 사회적 보호	6.4.4
쟁점 3 : 사회적 대화	6.4.5
쟁점 4 : 직장에서의 보건 및 안전	6.4.6
쟁점 5 : 인적 개발 및 직장 내 훈련	6.4.7
핵심 주제 : 환경	6.5
쟁점 1 : 오염 방지	6.5.3
쟁점 2 : 지속가능한 자원 이용	6.5.4
쟁점 3 : 기후변화 완화 및 적응	6.5.5
쟁점 4 : 자연환경의 보호 및 복원	6.5.6

제 3 부 기업 지속가능성의 동향과 과제

핵심 주제 및 쟁점	해당 항목
핵심 주제 : 공정운영관행	6.6
쟁점 1 : 부패방지	6.6.3
쟁점 2 : 책임있는 정치 참여	6.6.4
쟁점 3 : 공정 경쟁	6.6.5
쟁점 4 : 영향권 내에서의 사회적 책임 제고	6.6.6
쟁점 5 : 재산권 존중	6.6.7
핵심 주제 : 소비자 쟁점	6.7
쟁점 1 : 공정 마케팅, 정보와 계약관행	6.7.3
쟁점 2 : 소비자의 보건 및 안전 보호	6.7.4
쟁점 3 : 지속가능한 소비	6.7.5
쟁점 4 : 소비자 서비스, 지원, 분쟁 해결	6.7.6
쟁점 5: 소비자 정보 보호 및 개인정보	6.7.7
쟁점 6 : 필수 서비스에 대한 접근	6.7.8
쟁점 7 : 교육과 인식	6.7.9
핵심 주제 : 지역사회 참여와 발전	6.8
쟁점 1 : 지역사회 참여	6.8.3
쟁점 2 : 교육 및 문화	6.8.4
쟁점 3 : 고용창출 및 기술개발	6.8.5
쟁점 4 : 기술개발	6.8.6
쟁점 5 : 부와 소득 창출	6.8.7
쟁점 6 : 보건	6.8.8
쟁점 7 : 사회적 투자	6.8.9

유엔과 기업의 사회적 책임

| 제 2 장 |
기업의 사회적 책임(CSR)의 흐름*

기업의 사회적 책임^{CSR}이란 개념이 등장하기 시작한 1950년대부터 기업과 사회의 관계에 대한 끊임없는 논쟁이 있었다. 기업은 납세의 의무를 다하고 고용을 창출하면 모든 사회적 책임을 다하는 것이지, 그 이상의 의무나 책임을 부과하는 것은 적당하지 않다는 관점과, 기업도 사회의 구성원인 만큼 사회 문제에 대한 책임을 져야 된다는 인식이다. 전자의 시각은 기업의 활동과 영향력을 협소하게 파악하는 시각으로, 환경이나 인권 등의 사회 문제는 정부 및 공공 기관의 영역이기 때문에, 기업이 이러한 부분에 관여함으로서 기업 본연의 역할을 하는데 지장을 받을 수 있으며 이는 사회 전체에도 좋지 않다는 논리를 기반으로 하고 있다. 따라서, 이러한 시각은 대체로, 기업의 이윤만을 추구하는 행위를 비난하고 경우에 따라 방해를 하는 시민단체 등을 적대적인 대상, 기업 활동의 장애물로 보는 경우가 많다.

이에 비해 후자는 환경 문제, 소비자 건강, 직원의 웰빙 등 다양한 사회적 이슈에 있어서 기업의 책임을 어느정도 인정하며, 사회적 '책임성'을 중

---

* 작성자_ 이준석(유엔글로벌콤팩트 한국협회 팀장)

제 3 부 기업 지속가능성의 동향과 과제

요시 한다. 이러한 시각에서 불우이웃 돕기, 기부 등의 봉사활동의 측면이 강조될 경우, 이윤을 추구하는 기관이라는 기업의 정체성이 모호해 질 수 있다. 특히 이 때, CSR은 기업이 본래의 영리활동을 한 후 남은 수입으로 하는 기부활동이나 자선 사업이며 이는 곧 비용이라는 인식을 바탕으로 한다. 기업의 핵심 사업과 CSR 활동은 전혀 별개인 것이다. 이러한 시각에 바탕하여 CSR 활동을 추진한다면, 기업의 사정이 좋지 않을 경우, CSR에 대한 관심도는 줄게 되고 CSR에 대한 사업은 축소되거나 없어지게 될 가능성이 많다. 두 입장 모두 기업과 사회를 서로 동떨어진 관계로 보는 태도라고 할 수 있다.

그러나 최근에는 보다 적극적으로 CSR을 바라보는 인식이 확산되고 있다. 기후변화, 빈곤, 부패, 인권 침해 등의 사회문제는 기업에게 새로운 사업 기회가 될 수 있고, 블루오션이 될 수 있다는 인식하에, 기업과 사회를 서로 긴밀한 유기적인 관계로 보는 입장이다. 실제로 환경 파괴와 기후변화는 결국 기업에게도 좋지 않은 영향을 미치게 마련이고, 시민들의 건강과 교육 수준 향상은 기업이 더 우수한 인력을 채용하는 기회로, 하청업체의 이익 증대는 궁극적으로는 원청업체의 생산력 향상으로 연결되는 등 사회와 기업간 연계성이 더욱 강화되고 있다. 사회도 기업을, 환경을 파괴하고 근로자를 착취하는 'Problem Maker'가 아니라, 사회의 다양한 문제를 해결하는데 가장 신속하고 혁신적인 방법으로 공헌할 수 있는 'Problem Solver'로 인식하는 경우가 많아지고 있는 것이다.

2008년도 이코노미스트^{Economist}가 발간한 CSR 관련 보고서$^{Doing\ Good;}$

유엔과 기업의 사회적 책임

*Business and the sustainability challenge*에서는 "회사가 지속가능성을 위해 무엇을 할지 묻지 말고, 지속가능성이 회사를 위해 무엇을 할지 물어라"라고 조언하며, CSR이 더이상 비용이 아닌 기회임을 강조하였다. 또한 2011년 초 하버드 비즈니스 리뷰*Harvard Business Review*에서 마이클 포터 교수와 마크 크레이머 FSG 대표는 기업의 사회 참여 활동이 기존의 CSR*기업의 사회적 책임, Corporate Social Responsibility*이 아니라 CSO*기업의 사회적 기회, Corporate Social Opportunity*로 발상이 전환되고 있다며, 'Creating Shared value*공유가치 창출*'이라는 개념을 통해 기업과 사회 모두에 이익이 될 수 있는 가치를 찾을 것을 역설하였다.

최근 '기업의 사회적 책임'은 그 성격, 다양성, 깊이, 영향 등 모든 면에서 더욱 발전하고 있으며, 이를 반영하여 2010년 유엔글로벌콤팩트 본부에서는 '기업 지속가능성 리더십을 위한 청사진*Blueprint for Corporate Sustainability Leadership*'을 발표하여, CSR의 발전을 돕기 위한 방향을 제시하기도 하였다. 기업의 사회적 책임의 최근 흐름은 다음과 같이 정리해 볼 수 있다.

1. 주변에서 중심으로

기업의 사회적 책임*CSR*은 이전까지 기업의 핵심활동이라기 보다는 핵심활동에 보충하여 브랜드 이미지 강화를 위한 경우가 많았지만, 점차 기업의 핵심 사업*core business*과 통합되어 가고 있다. 점점 많은 글로벌 기업들이 이러한 핵심사업, 즉 각 기업이 가장 자신있는 분야, 가장 수익을 많이 내고 있는 분야를 이용하여 사회에도 좋은 일을 하고 있다. 단지 좋은 일을 하기 위해서, 이미지를 위해서, 혹은 의무감 때문이 아니라, 실제로 CSR 가치가 리스크 관리, 새로운 시장 창출, 혁신, 고객과의 커뮤니케이션 증대 등과 더욱 더 직접적으로 연계되고 있음을 깨닫고 있기 때문이다.

기업 내에서 CSR이 차지하는 위상이 높아지고 있고, 핵심 사업과 연계되고 있으며, CSR을 총괄하는 담당자의 직책도 점차 높아지고 있다. SK, GE, 도요타 등의 기업들은 이사회에서 별도의 위원회를 설치하여 CSR을 직접 담당하고 있다. 따라서 투명성, 사회참여, 기업 인권, 환경 이슈가 기업의 종합적, 전략적 차원에서 추진되는 전사적인 이슈가 되고 있는 것이다. 또한, 이러한 구조적 변화는 기업의 경영권의 CSR에 대한 관심과 추진 의지를 전 사원들에게 알리는데 상징적인 역할을 하고 있다. 2010년 유엔 글로벌콤팩트가 컨설팅 기업인 액션츄어_Accenture_와 공동으로 발간한 보고서 '지속가능성의 새로운 시대_A New Era of Sustainability-UN Global Compact-Accenture CEO Study 2010_'에 따르면, 800여 명의 CEO 중 96%가 환경, 사회, 거버넌스 이슈가 기업의 전략과 활동에 완전히 통합되어야 한다고 응답했으며, 93%는 이사회가 이러한 이슈에 대해 논의해야 한다고 보고하였다. 이사회에서 기업 지속가능성을 감독하고 이에 대해 적극적으로 논의해야 한다는 쪽으로 이사회 정관을 개정하는 경우가 점점 많아지고 있다.

이렇게 CSR이 기업 활동의 중심부로 스며듦에 따라, 기업의 사회적 책임 활동에 대한 성과를 보고하는 지속가능성 보고서를 별도로 발간할 것이 아니라, 연례보고서 및 재무보고서와 통합하여 발간해야 된다는 인식도 생

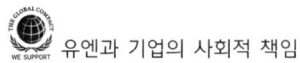 유엔과 기업의 사회적 책임

겨나고 있다. 지속가능성 회계프로젝트*The Prince's Accounting for Sustainability Project,* *A4S*와 GRI*Global Reporting Initiative*는 2010년 8월 '국제통합보고위원회*IIRC*'를 구성하여 지속가능보고서와 재무보고서의 통합안을 구상하였다. 상장된 기업들은 매년 IFRS나 USGAAP와 같은 회계 기준에 근거하여 재무보고서를 발간하고 있으며, GRI G3와 같은 보고기준이나 AA1000 AS와 같은 검증기준을 토대로 지속가능성보고서를 발간하고 있다. 하지만, 그 기준과 내용에 있어서는 아직 통일되어 있지 않다. 통합보고서는 기업이 '현재 어디에 있는가', '어디로 갈 것인가', '어떻게 갈 것인가', '직면한 리스크는 무엇인가' 등에 대한 통찰을 제공하기 위해 필요하며, 기업의 단기, 중기, 장기적 가치 창출 상황과 계획을 반영하는 것을 필수로 하고 있다. 이미 노보노디스크*Novonordisk*, 필립스*Philips* 등은 통합 보고서를 발간하고 있으며, GRI G3기준을 사용하고 있는 270여 개의 기업들이 스스로 통합적인 보고를 하고 있다고 선언하고 있다.

2. 나홀로 CSR에서 다같이 CSR로

1) CSR을 위한 비즈니스 생태계의 발전

기업이 CSR 활동을 통해, 기업과 사회 모두가 모두 윈-윈하고, 일회성이 아닌 지속적인 사회공헌 활동을 체계적으로 추진하기 위해서는, 더 이상 개별 기업의 CSR 활동만으로는 이를 달성하기 어려우며 다른 기업, 정부, 유엔 기관, 비영리 단체와 협력을 해야 한다는 인식이 확대되고 있다. 즉, 진정한 의미의 지속가능성을 위해서는, 현재까지와는 다른 경영 환경, 제도, 문화가 필요하다는 것이다. 기업의 핵심사업 core business이 효과적으로 소비자와 지역사회의 니즈를 충족하고 기업의 매출도 올릴 수 있다는 의견이 점차 늘어나고 있다. 하바드 케네디 스쿨의 CSR Initiative에서 2011년 발간한 논문 'Tackling Barriers to Scale : From Inclusive Business Models to Inclusive Business Ecosystems 더욱 포괄적인 노력 : 포용적인 비즈니스 모델에서 포용적인 비즈니스 생태계로'에서는 기업의 사회적 책임 및 사회공헌이 성공하기 위해서는 '비즈니스 생태계'가 잘 꾸려져 있어야 함을 지적하였다. 또 저소득층의 제한된 인프라, 정보, 비효율적인 제도, 불충분한 자금 지원 시스템 등을 극복하기 위해 기업, 정부, NGO 등이 협력하여 비즈니스 생태계를 만들어야 하다고 제안했다.

마이클 포터 하버드대학교 경영학 교수는 하버드 비즈니스 리뷰 2011년 1~2월호에 실린 'Creating Shared Value'에서 기업과 사회간의 공유가치를 효과적으로 창출하기 위해서는 현지 클러스터의 개발이 중요함을 설명하였다. "공공 교육제도, 운송 인프라가 부족하거나 성별, 인종 차별과 빈곤이 있을 경우, 각각 교육비용 및 물류비용이 상승하거나 인재확보가 어려워지며 보안비용도 높아진다"는 것이다. 즉, "기업과 공동체의 연결고리가 약화되면 기업이 감당할 비용은 늘어나고 문제를 해결할 수 있는 영향력은 감소해 버린다"[56]고 지적하였다.

리바이스는 '501 청바지'에 대한 LCA*라이프사이클 평가*를 실시하여, 청바지의 제조, 유통, 마케팅, 판매, 구입, 폐기 등 전과정을 모니터링한 결과, 청바지 자체의 제조과정보다 면화를 키우고, 바지를 씻는 과정에서 물과 에너지가 많이 쓰인다는 사실을 파악하게 되었고, 비영리 조직인 '더 나은 면화계획*Better Cotton Initiative*'을 만들어 낭비를 줄이기 위한 노력을 추진하였다. P&G와 협력하여 소비자들이 냉수에서도 잘녹는 세제인 tide coldwater를 사용토록 권유하였고, 이는 실제로 물을 데우는데 필요한 에너지 사용을 줄이는 등 전반적인 에너지 사용 감소로 이어졌다.

인도의 정수시스템 회사인 WHI*WaterHealth International*는 자외선을 이용한 정수설비를 인도 농촌지역을 대상으로 저가에 판매하였는데, 소액금융으로 유명한 ICICI 은행은 주민들에게 정수설비 구입비를 융자하였으며, 난디재단*Naandi Foundation* 등의 NGO는 급수시설 건설을 지원하였다. 또한 WHI의 잠재력을 높게 평가한 다우 벤처캐피털은 700만 달러를 추가 투자하여 WHI의 타국가 진출을 지원하였다. 다양한 업종의 기업들이 연합함으로서 주민들에게 깨끗한 물을 공급하면서 매출액을 높이는 윈윈 전략을 가능하게 한 경우라 할 수 있다.

기업이 해외에 진출함에 따라 현지화 전략의 일환으로 해당 지역의 개발 이슈에 참여하고, 사회공헌 활동을 하는 경우가 많아지고 있다. 기업이 일방적으로 추진하는 사회공헌 활동의 경우, 예상보다 효과가 적거나, 심지어는 역효과를 내는 경우도 있다. 이는 현지의 문화적 맥락, 니즈에 대한 파악이 충분하지 못하였기 때문이며, 이를 방지하고 더 효과적인 사회공헌 활동을 위해 기업은 현지 NGO, 정부와의 파트너십을 통해 협력을 더욱 확대해 나가고 있다. 전경련 2009 사회공헌 백서에 따르면, 응답기업들은 글로벌 사회공헌활동 추진 시 '지역전문가 또는 파트너 단체 발굴(27.6%)'및 '열악한 입지 조건 등 지역적 물리적 환경(25.9%)', '해당지역과의 문화차이(19.2%)', '현지인들과의 공감대 형성의 어려움(6.1%)' 등을 주요 애로요인으로 지적하였다. 효율적인 추진을 위해 현지인을 현지 CSR 및 사회공헌 담당자로 채용하기도 한다. 아직 해외에 진출한 국내기업들이 독자적으로 사회공헌 활동을 하는 경우가 많은데, 앞으로 더 다양한 현지 NGO, 정부, 국제기관들과 협력을 할 것으로 예상된다.

2) 저소득층과의 협력

사회가 봉착한 문제들은 갈수록 복잡해져 가고 있으며, 기업의 단순 기부로 해결할 수 없는 실정이다. 이러한 사회 문제들은 기업의 기술, 동원력, 노하우와 정부의 정책, NGO의 지역사회에 대한 정보, 여론 형성 기능 등이 한데 어우러져, 보다 장기적인 안목에서 다루어 져야 한다. 기업의 사회적 책임 활동이 사회의 요구와 상황을 무시한 채, 기업의 컨트롤 타워를 중심으로 중앙집권적인 top-down 방식으로 일방적으로 추진될 경우, 성공을 거두지 못하는 경우가 많다.

프라할라드 교수가 'Bottom of Pyramid', 즉 최하 소득계층을 대상으로 한 비즈니스 전략을 제시한 이래, 많은 기업들의 빈곤층을 대상으로

한 비즈니스가 발전해 왔다. 하지만 국내 기업들의 경우 아직까지 저소득층을 대상으로 한 사회공헌 활동은 각 기업 특유의 핵심 사업과 연계시키지 못한 경우가 많고, 일방적인 자선 사업, 봉사활동, 단순 기부의 형태를 띤 경우가 적지 않은 상황이다.

그러나, 기업의 이윤 창출과 저소득 층의 생활 개선이라는 윈-윈 목표를 달성하기 위해서는 기존과는 다른 비즈니스 전략이 필요하다는 보는 시각이 계속해서 늘어나고 있다. 저소득층을 제품 판매의 대상으로만 보기보다는 기업과 함께 제품을 생산할 수 있는 협력자로 보는 인식의 전환이 필요하다는 것이다. 즉, 일방적으로 제품을 팔기 보다는 빈곤층과의 적극적인 커뮤니케이션을 통해 그들의 요구를 충분히 파악하여, 이에 맞게 제품의 생산, 유통, 마케팅, 소비 등 프로세스를 만들고, 또 실제로 이러한 과정에 빈곤층을 참여시킨 경우, 기업과 사회 모두 윈-윈 효과를 볼 수 있는 사례가 많이 생겨나고 있다. 더욱 정교한 기업 사회공헌 활동이 필요해진 것이다.

예를 들어, Arvind Mills사는 저소득층을 위한 청바지 브랜드인 '러프 앤 터프'를 구상하여 청바지를 단 6달러에 판매하였는데, 4천 명의 저소득층 재단사들이 즉석 재단키트를 사용, 현지 소비자들을 위해 제품을 즉석에서 재단, 판매[57]하여 현지인의 고용, 참여와 제품 판매고 증대라는 두가지 목표를 달성한 바 있다. 유니레버의 인도 현지법인인 HLL*Hindustan Unilever Ltd.*의 경우 '프로젝트 샤크티'를 통해 인도의 저소득층 마을 여성들에게 소액 대출을 제공하여 소규모 프랜차이즈를 설립하도록 지원하고, 이들에게 영업, 회계에 관한 교육도 제공하며, 위생에 대한 지역내 홍보도 맡도록 하였다. 이와 관련 스튜어트 하트 코넬대 교수는 '자본집약적 산업보다는 사람집약적인 사업을 만드는 쪽이 더욱 성공적'58)이라고 분석하였다.

3. 일방향 CSR에서 쌍방향 CSR로 : 투명성에 대한 요구 증대

기업의 투명성에 대한 요구가 나날이 거세지는 가운데, 혹자는 이를 "현재의 기업들이 마치 어항의 금붕어와 같은 상황에 있다"고 지적하였다. 국제적으로 이러한 흐름은 더욱 가속화되고 있으며, 국제 기구 등도 기업에 계속해서 투명성을 강화하는 제도와 법률을 만들기를 권고하고 있다. 이들이 이러한 투명성을 강조하는 이유는 서구의 다국적 기업들이 아시아 등 개발도상국의 현지 기업들과 경쟁할 때, 아시아 현지 기업들이 정부와의 유착을 통해 얻어왔던 특혜를 없애기 위한 전략이라고 분석59)하기도 한다. 서구의 기업들이 투명성을 강조하는 이유가 그들이 도덕적이고 윤리적이기 때문이라기보다, 비서구권 기업들의 경쟁력을 약화시키기 위한 전략이라는 것이다. 어쨌든 이렇게 반부패에 더욱 철두철미해지는 국제 환경에서 살아남기 위해서 국내 기업들은 자사의 기업 지배구조가 얼마나 건전한지, 내부 통제 시스템은 잘 구축되어 있는지, 직원들은 자주 윤리 교육을 받고 있는지 등을 끊임없이 공개해야 하는 상황이 되었다.

이러한 투명성도 앞에서 설명한 기업 생태계의 차원에서 추진되고 있다. 브라질은 2014년에 월드컵을, 2016년에는 올림픽을 개최할 예정이다. 과거에 국제 스포츠 행사의 경우 그 준비 및 진행과정에서 갖가지 부패 스캔들이 나온 적이 많았다. 변화된 환경을 반영하여, 이 두 행사의 전 과정을 모니터링하기 위해 2011년 5월 브라질의 비영리 연구기관인 '에토스 인스티튜트Ethos Institute of Business and Social Responsibility'와 유엔글로벌콤팩트는 'Clean Games Inside and Outside of the Stadium경기장 안팎에서의 깨끗한 게임'이라는 프로젝트를 발족하기도 하였다.

또한 최근에는 기업 내부의 투명성을 스스로 통제하는 '준법감시인 제도'를 금융권뿐 아니라 상장 기업 등 일정 규모 이상의 기업이라면 의무적으로 도입해야 하는 분위기가 국제적으로 형성되고 있다.

앞에서 설명한 기업 생태계, 파트너십의 발전과 더불어, 투명성은 정보의 공유, 혹은 오프 소스 형식의 플랫폼과도 연결되어 있다고 할 수 있다. 지금까지 기업들은 가능한 한 기술과 아이디어를 비밀처럼 지키고 공개하지 않음으로서 시장의 우위를 점해왔다. 하지만 점차 아이디어를 투명하게 공개하여 다른 기업들과 공유함으로서 더 좋은 아이디어로 발전시키는 시너지 효과를 얻고 사회문제도 효과적으로 해결할 수 있다는 인식이 높아지고 있다. 2010년에는 나이키, 야후, IDEO, 베스트 바이 등이 '그린 엑스체인지Green Xchange'라는 오픈 소스 형식의 플랫폼을 발족하여, 지적 재산권을 공유할 수 있도록 하였다. 그린 엑스체인지는 기업의 친환경 기술을 다른 기업들이 환경을 보호하는 제품을 만드는 데 사용할 수 있도록 서로 지원한다. 예를 들어, 나이키 운동화에 넣는 쿠션 에어백 특허가 타이어의 수명을 연장시키는 등 환경적인 이익을 가져다 줄 수 있다면 다른 업체에게 그 기술을 공개할 수 있다는 것이다.[60]

기업의 주요 의사 결정과정에서도 소비자 및 시민단체의 참여가 더욱 능동적, 적극적으로 변하고 있고, 쌍방향 커뮤니케이션이 증대되고 있다. 쌍방향 커뮤니케이션의 증대를 통해 기업은 소비자들의 니즈를 파악하여 신제품 개발을 위한 아이디어를 효과적으로 얻을 수 있는 동시에, 기업에 적대적인 단체와 협력할 수 있는 여지를 마련할 수 있다. 덴마크의 제약회사인 노보 노디스크 $^{Novo\ Nodisk}$의 경우[61]를 보자면, 동물 보호 운동가들이 노보 노디스크의 연구소에서 동물들이 열악한 환경속에 사육되고 있는 상황을 촬영하여 언론에 배포하였고, 이에 대해 엄청난 항의와 반발이 있었다. 뿐만 아니라 줄기세포 연구, 유전자 기술 등 논란이 있는 실험도 시행하는 노보 노디스크는 적대적인 시민 단체들의 반응에 정보를 숨기려고 하거나 논란이 되는 활동을 합리화하기 보다는 오히려 정기적인 회의를 개최함으로서 그들의 불평을 듣고, 해결책을 모색하는 등의 노력을 하였다. 이러한 과정을 통해 노보 노디스크는 덴마크 동물보호협회 및 기타 운동단체들과 함께 동물 실험에 대한 기준을 마련하기도 하였으며, 결국 비판자를 협력자로 만들게 되었다. 아직도 적잖은 기업이 홈페이지나 지속가능성 보고서를 통해 좋은 부분만을 일방적으로 공개하고 있는데, 미흡한 부분이라도 공개하고 적대적인 단체들과 허심탄회하게 커뮤니케이션을 함으로서, 기업의 현실적인 입장도 설명하여 양자간의 공감대를 형성할 수 있다. 또한 이렇게 함으로서 기업의 진정성과 문제 해결 의지를 보일 수 있는데, 만약 적대적인 단체들과 대화없이 활동하다가 나중에 문제가 생겼을 경우에 비해 훨씬 반발을 줄일 수 있을 뿐더러 비평가도 끌어 안을 수 있다.

기업의 사회적 책임 CSR도 경영환경이 더 복잡해 짐에 따라, 또 기업과 사회의 관계가 더욱 긴밀해짐에 따라 다양한 형태로 발전하고 있다. 기업의 CSR 활동 전략, 이해관계자와의 커뮤니케이션, 보고 reporting, 이에 대한 평가 등 여러 측면에서 CSR이 더욱 정교해지는 가운데, CSR이 기업의 중심 전략으로 들어오는 경우가 많아지고 있으며, 이해관계자는 더욱 적극적으로 기업 활동에 참여하고 있다.

또한 기업의 사회책임활동에 대한 국민적인 공감과 관심은 더욱 커지고 있다. 최근 정부에서도 '기업의 사회적 책임' 및 상생, 공생에 대한 언급이 늘어나고 있는 가운데, 국민들도 CSR에 대해 긍정적인 시각을 갖고 있다는 연구 결과도 나오고 있다. 국내 언론을 분석한 결과, 국내 여론은 진보와 보수를 막론하고 CSR에 대해서는 대체적으로 긍정적인 시각을 견지하고 있으며, 진보, 보수 언론이 CSR에 대한 기사량에서는 상당한 차이를 보이지만, 프레임에서는 별다른 차이가 없다[62]는 분석이다. 이렇듯 국가적, 국민적 공감대가 형성되어가고 있는 가운데, 이에 부응하여, 국내에서도 CSR에 대한 국제적 흐름을 논의하는 국제회의 개최 등 다양한 행사들을 많이 기획하고, 우리 기업들도 회의석상에서 CSR 담론을 주도할 수 있도록 적극적인 지원활동과 기업의 노력이 병행되어야 할 것이다.

제 4 부
지속가능성 보고서

제 4 부 지속가능성 보고서

| 제 1 장 |

COP와 지속가능보고서*

유엔글로벌콤팩트 회원사들은 앞에서 설명된 유엔글로벌콤팩트 10대 원칙을 이행을 위해 노력하겠다는 선언을 하며 유엔글로벌콤팩트에 가입한다. 유엔글로벌콤팩트는 회원사들의 자발적인 사회적 책임활동을 하도록 촉진하는 기관으로서, 기업들에게 많은 의무를 지우지는 않지만, 단 한 가지만은 꼭 지킬 것을 요구하는 데 그것이 바로 COP 보고서의 발간이다.

COP$^{이행보고서, Communication on Progress}$란 UNGC 회원 기업이 글로벌콤팩트의 원칙들을 어떻게 이행하고 있는지에 대하여 기업의 이해관계자들, 즉 소비자, 근로자, 노동조합, 주주, 언론, 정부 등과 공유하기 위한 것이다. COP는 단순히 기업의 '착한 활동'을 홍보하거나, UNGC 회원의 지위를 유지하기 위한 형식적인 보고서가 아니라, 유엔글로벌콤팩트의 설립 취지를 이행하기 위한 중요한 수단이라고 할 수 있다.

* 작성자_ 이준석(유엔글로벌콤팩트 한국협회 팀장)

유엔과 기업의 사회적 책임

1. COP의 의미

COP의 성격과 취지는 COP 안에 들어 있는 두 단어, Communication과 Progress에 잘 나타나 있다.

COP에서는 Communication, 즉 COP 보고서를 단순히 이해관계자들에게 알리는 것에 그치지 않고, 이들의 의견을 적극적으로 들으며 이를 다음 년도의 활동에 반영하는 적극적인 소통의 과정이 요구된다. 활동 → 보고 → 공유 → 피드백 → 활동의 순환 과정인 것이다. COP 발간에 있어서 유엔 본부에 제출하는 것보다 오히려 더 중요한 것은 이해관계자들과 소통하는 것이라고 할 수 있다. 따라서 COP보고서가 반드시 영어나 유엔 공용어로 쓰여질 필요는 없고, 기업의 이해관계자들에게 가장 잘 전달될 수 있는 언어로 작성되어도 무방하다. 실제로 상당수 한국 기업들이 한국어로 작성된 COP를 제출하고 있다. 미쓰이 화학의 경우, 중요한 이해관계자인 공급자들에게 미쓰이 화학의 CSR 활동에 대한 설문조사를 실시하여, 그 결과를 COP보고서에 공개하였고, 2008년도 보고서에 대한 피드백이 2009년도 보고서[63]에는 어떻게 반영되었는지도 표기하였다. COP보고서는 1년에 한번 발간되기 때문에, 최신 데이터를 제공하지 못하는 한계가 있는데, COP 보고서 홈페이지를 통해 이해관계자들에게 인권, 노동, 환경, 반부패 관련 데이터를 실시간으로 알 수 있도록 하는 경우도 있다.

또 COP에서는 현재의 진척상황, 즉 progress에 대한 공유가 중요하다. 홍보 책자와 같이 기업의 잘하고 있는 면만 부각하기 보다는 아직 미흡한 점도 함께 보고하여야 한다. 기업이 아직 완벽하지는 않지만 UNGC 10대 원칙의 이행을 위해 노력하는 과정을 최대한 공개하니, 이해관계자들도 비판만 하기보다는, 기업의 입장도 감안하면서, 어떻게 기업과 사회가 윈-윈할 수 있을지 '함께', '계속해서' 논의해 보자는 취지이다. 이러한 과정을 체계적으로 보고하려면 인권, 노동, 환경, 반부패의 각 분야에서 중장기 목표를 세우고, 이에 비추어 과거의 상황은 어떠했으며, 현재는 얼마만큼 진척이 있었는지 또는 어떠한 부분에서 목표를 달성하지 못했는지, 목표를 달성하기 위해서 어떤 정책과 조치를 취할 계획인지를 모두 보고해야 할 것이다. 이토추 종합상사의 경우, 2009년도 보고서에 각 부서 별로 CSR 업무를 명확히 정의하고, 중기 계획, 2008년도 계획과 그 성취여부, 2009년도 결과 등에 대해서 표기하였다. 이와 같은 활동은 UNGC 원칙 이행 활동이 일시적인 이벤트로 끝나는 것이 아니라 명확한 목표와 체계적인 모니터링의 과정을 통해 일관성있게 추진되도록 하며, CSR 혹은 사회공헌 담당부서 만이 아니라 전사적으로 진행될 수 있도록 한다. 또한 레고^{Lego} 그룹의 경우, 2010년 COP보고서에서, 혁신, 공급, 사람, 제품, 지속가능한 놀이, 폐기, 사회의 7가지 이슈를 정하여 이에 대한 연도별 목표와 이에 대한 달성 유무 등을 그래프로 표기하며 체계적으로 관리, 보고하고 있다. 달성하지 못한 성과도 제시하며 균형된 보고를 한 바 있다.

유엔과 기업의 사회적 책임

Performance data

Stakeholder	Note*	Measures	Results 2008	Results 2009	Targets 2010	Results 2010	Targets 2011
Consumer		**Consumer measures**					
		Number of product recalls	0	1	0	0	0
		Average monthly unique visits on LEGO.com/parents index	100	123	>=110	112	Omitted
		Consumer complaint call rate	1,230 ppm	930 ppm	<=1,150 ppm	779	<=800 ppm
		Net Promoter Score Index®	120	126	>= 124	126	>= 124
Employee		**Employee profile measures**					
	1	Number of employees	7,337	8,616		9,843	
	1	Female	46.7%	45.3%		48.6%	
	1	Male	53.3%	54.7%		51.3%	
		Average age	38.2	36.7		36.5	
	2	Rate of employee turnover	10.8%	10.4%		9.3%	
		Health & safety measures					
		Sick leave	3.0%	2.9%	<=3.5%	2.2%	<=2.8%
	3	Number of injuries with absence	35	61		44	
	4	Injury rate	4.4	4.8	<=5.0	3.0	<=2.0
		Absence rate due to injuries	0.25	0.51	<=0.32	0.29	<=0.26
		Percentage of employees working at OHSAS 18001 certified sites**	54%	88%	>=80%	84%	Omitted
		Employee comittment measures					
		Directors+ promotions (externally recruited or internally appointed) of female employees	18%	20%	>=25%	32%	>=30%
		Employees Pulse					
		- Work life balance range to global scorecard (LEGO EEI)	+2	+3	+0	+4	+0
		- Motivation & Satisfaction range to global scorecard (LEGO EEI)	+10	+11	+10	+12	+10
		- People Promise (departmental improvement rate)			>=66%	51%	>=80%

출처: 레고그룹 2010년도 지속가능성 보고서 p.33[64]

2. COP의 필수 요소

COP는 기업의 UNGC 10대 원칙 이행 상황에 대한 설명을 다음의 3가지 요소를 통해 보고하는 과정이라고 할 수 있다. 이 세가지 요소만 지킨다면, 원칙적으로 COP는 그 분량이나 형식은 자유롭게 작성해도 무방하다. 대기업의 경우 '지속가능성 보고서 sustainability report'를 발간하고 있는데, 기본적으로 이러한 보고서에서 다루고 있는 환경, 사회, 경제, 지배구조 등의 분야는 UNGC 10대 원칙과 대부분 겹치고 있으므로, COP 필수요소만 포함되어 있다면, COP로 인정받는다.

1) UNGC 원칙에 대한 지속적인 지지에 대한 성명(Statement by the CEO)

회원사의 CEO가 COP 보고서의 서문에서 유엔글로벌콤팩트의 10대 원칙을 지지한다는 내용의 성명이 있어야 한다. 유엔글로벌콤팩트는 기본적으로 CEO의 지속적인 의지에 근거하는 이니셔티브이기 때문에, COP를 시작하는 서문에서 기업의 대표자가 확실하게 UNGC 원칙 이행에 대한 추진의지를 설명해야 한다. 기본적으로 CEO의 지지를 표현하는 부분이 한 문장이라도 들어가 있으면 되지만, 이에 더하여 기업이 왜 UNGC 원칙을 지지하는지, 기업의 핵심 가치와 사업내용이 UNGC 원칙들과 어떻게 연관이 있는지에 대해 설명한다면, 직원들에게는 사회책임활동에 대한 동기부여를 할 수 있고, 이해관계자들에게는 그 회사의 CSR 활동이 단순한 기부나 자선행위가 아니라는 점을 이해시킬 수 있을 것이다.

이러한 서문에 UNGC 원칙을 지지함으로서 얻는 재무적, 비재무적 이득이나 전년도 UNGC 이행을 위한 주요 활동 결과, 기업의 설립 이념, 중장기 계획, 비전 등 기반하는 가치와 UNGC 원칙의 추진의지를 연계시켜 설명할 경우, UNGC의 가입 및 원칙 이행에 대한 의지와 진정성을 보일 수 있다. 사회책임활동을 하는 기업들이 늘어나고 있다니까 우리도 이러한 상황에 따라서 추진한다는 것이 아니라, UNGC 가치가 기업의 비전, 설립 취지와 일맥상통한다는 메시지를 전달할 수 있는 것이다. 또한 이러한 기업의 설립취지와의 결합은 현재 진행중인 사회책임활동이 일회성이 아니라 앞으로도 기업의 핵심사업과 연계되어 계속적으로 추진될 것이라는 의미를 지닌다. 일부 기업들이 여전히 하고 있는 일반적인 봉사활동이 아니라, 우리 회사가 가장 잘 하는 분야를 활용하여 '나름대로의 방법으로' 사회책임활동을 추진하기에 더욱 창의적이고 유엔글로벌콤팩트 원칙을 따를 것이라는 메시지는 이해관계자들에게 호소력있게 전달될 수 있다.

2) 이행 활동(Description of Practical Actions)

COP의 두번째 필수 요소는 UNGC 10대 원칙을 이행하는 당해년도 활동에 대한 서술이다. 이러한 활동을 표기하는 방식에는 여러가지가 있겠지만, 기본적으로 전반적인 정책이나 비전, 이에 기반한 제도나 시스템, 그리고 이를 근거로 한 개별 활동을 설명하는 방식이 일반적이다.

COP를 작성하고, 이를 UNGC 홈페이지에 등재하여 공개하는 중요한 이유 중 하나는 기업들 간에 우수사례를 서로 벤치마킹할 수 있도록 하기 위함이다. 특히 처음 UNGC에 가입한 기업의 경우에, 비슷한 업종과 규모의 다른 기업들이 어떤 식으로 UNGC 이행활동을 하고 COP를 작성하고 있는가를 먼저 알고 싶어한다. 다른 기업들이 따라하기 수월하도록 하기위해, COP의 이행 활동 부분은 가능한 자세하고 생생하게 서술되어야 할 것이다. 예를 들어, '우리는 공급자를 위한 교육 프로그램을 실시하고 있다'와 같은 일반적인 언급보다는, '우리는 50개의 공급자에게 물 사용량 감축을 위한 교육 프로그램을 2011년 4월, 7월, 9월에 걸쳐 3회 실시하였으며, 총 130여 명이 참여하였다'와 같이 구체적인 설명이 필요하다.

사회공헌 활동의 서술이 일관성이나 체계가 없이 단순 나열되었을 경우, 그 의미가 효과적으로 전달되지도 않을 것이고, 진정성이 느껴지기도 힘들 것이다. 따라서 CEO 선언문에서 제시한 기업의 이념을 구체적으로 추진하기 위해, 포괄적인 정책, 보다 구체적인 시스템, 자세한 활동의 순으로 서술할 필요가 있다.

3) 결과(Measurement of Outcomes)

COP 필수 요소 중 마지막은 UNGC 원칙 이행 활동에 대한 결과이다. 유엔글로벌콤팩트의 주요 철학 중 하나가 회원사들이 원칙 이행을 위하여 지속적으로 개선하는 과정인데, 이를 위해서는 매년 활동에 대해 구체적인 성과를 밝히는 것이 중요하다. 이러한 성과를 통해 기업은 목표를 달성하기 위해 현재 어느 위치에 있는지, 어떻게 전진하고 있는지 등에 대해 스스로 파악할 수 있다. 환경, 사회 등 분야별로 구체적인 목표를 설정하여, 지난해 세웠던 목표가 올해 얼마만큼 달성되었는지 여부, 내년도 목표를 달성하기 위해 어떠한 계획을 세우고 있는지에 대한 설명이 있다면, 직원을 포함한 이해관계자들이 이러한 목표를 달성하는데 더욱 능동적으로 동참할 수 있을 것이다.

이러한 성과를 기업간에 비교할 수 있도록 GRI*Global Reporting Initiative*에서는 GRI G3라는 지속가능성 보고 지침을 만들었고, 현재 많은 국내외 기업들이 이 지침에 따라 활동 결과를 보고하고 있다. GRI G3가 COP에서 활동 결과를 나타내는 유일한 방법은 아니지만, 가장 많이 사용되기 때문에 국제적으로도 기업의 성과를 인정받기 용이한 수단이며, 유엔글로벌콤팩트 본부도 이 기준의 사용을 권장하고 있다.

이러한 결과를 나타낼 때, 기업이 잘 하고 있는 점과 부족한 점을 균형된 시각으로 보이는 것이 필요하다. 종종 사회책임 보고서가 기업이 잘 하고 있는 사실만을 보고하여 홍보책자같은 느낌을 주는 경우가 있는데, 기

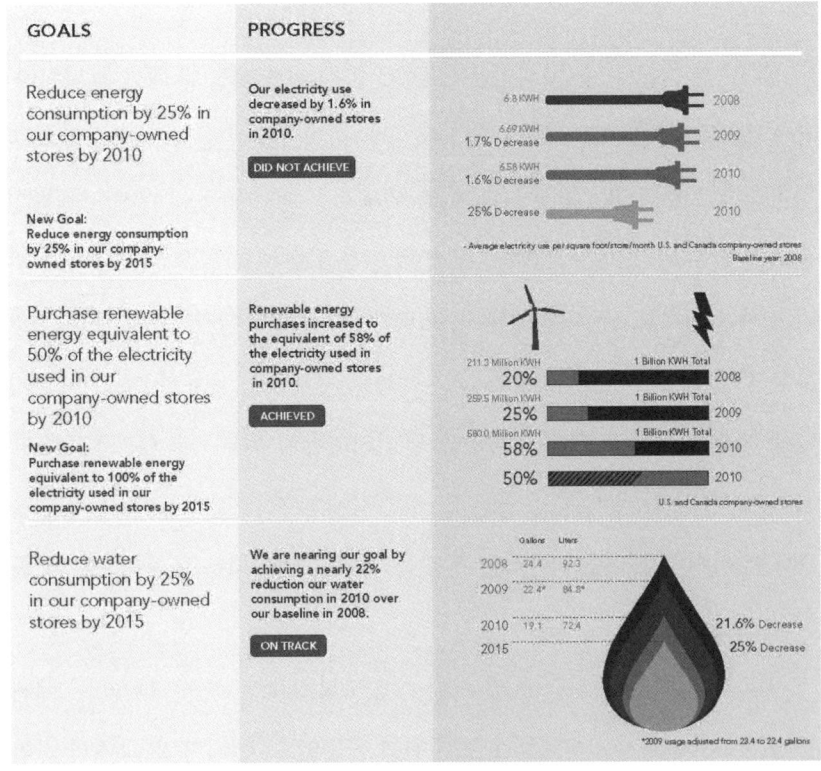

출처: 스타벅스 2010년도 지속가능성 보고서 p.11[65]

업의 미흡한 점을 파악하지 않고서는 현재 상황을 실질적으로 개선하기 어려울 것이다.

스타벅스는 2010년도 COP 보고서에서 에너지 소비 감소, 재생에너지 구매, 물 사용량 감소라는 환경 분야 목표별로 각각 2010년까지 커피점에서 이용하는 에너지 소비 25% 감소, 사용전기의 50%에 달하는 재생에너지 구매, 2015년까지 물사용량 25% 감소라는 구체적인 목표를 정하고, 이에 대한 달성 여부를 표시하였다.

3. 과정과 소통으로서의 COP

COP는 단순히 문서를 작성하는 것이 아니라, 이해관계자와의 커뮤니케이션을 통해 UNGC 원칙을 기업 활동에 통합시켜 나가는 하나의 과정이라고 할 수 있다.

COP를 통해 UNGC 원칙 이행 상황을 공개하면서, 이해관계자들이 요구하는 정보 공개 요구의 기대를 충족시킬 수 있다. COP의 작성과 공개는, 기업이 바탕으로하고 있는 가치와 UNGC 원칙이 어떻게 연계되는지, 또 이를 근거로 어떻게 구체적인 정책, 시스템 및 활동으로 나아가는지에 대한 청사진을 제공한다. CEO, 임원 및 직원은 보다 체계적으로 해당 기업의 UNGC 참여 활동을 이해할 수 있고, 또 구체적인 아이디어를 제시할 수 있는 기회를 제공하게 되는 것이다. 지배구조, 환경, 사회, 직원 복지 등 각 분야별 목표와 성과를 구체적으로 제시함으로서 기업이 직면한 리스크와 기회를 더욱 명확히 파악할 수 있다. 이렇게 함으로서 사회책임투자 펀드나 관련 인덱스에 포함될 가능성이 더욱 많아질 것이다.

많은 경우, COP 작성에 기업의 CSR팀 등 담당부서만이 참여하고 있으며, COP를 발간한 경우에도 전사적으로 COP가 공유되지 않는 경우가 많다. COP는 환경, 지배구조, 사회공헌, 직원 복지 등 광범위한 분야를 다루는 보고서이며, UNGC 가치가 기업의 정책 및 핵심 사업에 통합되어 갈수록 COP에서 다루는 내용도 더욱 증가될 것이다. 따라서 COP 작성에 CSR 부서만이 아니라, 다른 부서의 참여도 늘어날 것으로 보인다. 윤리 경영, 사회책임경영을 위한 업무 추진과정 및 보고서 작성을 위한 각종 정보 교류의 차원에서 여러 부서와의 긴밀한 커뮤니케이션이 필요하기 때문이다.

제 2 장

COP 작성하기

1. COP 경영보고서

COP*Communication on Progress* 경영보고서는 유엔글로벌콤팩트 10대 원칙을 준수하겠다는 참가 회원들의 의지 및 활동성과를 보고하는 추진경과보고서이다. 즉, COP 경영보고서는 기업이 경영활동 과정에서 10대 원칙 준수를 통해 달성한 성과에 대해 이해관계자들과 공개적으로 커뮤니케이션할 수 있는 도구라 할 수 있다.

COP 보고서는 유엔글로벌콤팩트 원칙을 중심으로 쓰여진 기초적인 수준부터 조직의 지속가능경영 활동을 보고하는 지속가능경영보고서까지 보고 수준 및 형식이 다양하다. 이 장에서는 COP 보고서를 작성하기 위한 단계별 프로세스를 제시하여 보다 쉽게 COP 보고서 작성이 가능하도록 방법을 제시한다.

---

* 작성자_ 김동수(한국생산성본부 지속가능경영센터장)

2. COP 작성단계

COP의 작성 과정은 크게, 보고서 발간 준비 → 작성 → 발간 및 배포의 3단계로 분류될 수 있다. COP를 발간하고자 하는 기관 또는 조직은 다음에서 제시되는 가이드라인 및 조직의 특성을 고려하여 보고서를 발간한다.

1) 보고서 발간 준비

보고서 발간 준비 단계에서는 조직이 보고서를 발간하고자 하는 목적과 기대효과를 구체화시켜, 효과적인 COP 보고서를 작성할 수 있어야 한다.

가. 인원 및 조직

보고서 발간을 위한 적정 인원과 책임자를 선정해야 한다. 총 책임자는 CSR 경영을 총괄 관리하며 대내외 이해관계자와 커뮤니케이션을 하는 주체여야 한다. 일부 대기업의 경우 CSR 전담 위원회를 구성하고 이들 조직에서 CSR 경영과 보고를 담당하고 있으나, 규모가 작은 기업은 기존의 부서 중 업무 연관이 높은 윤리경영팀/환경경영팀/기획팀 등에서 보고서를 발간할 수 있다. 이러한 경우 담당자들에 대한 워크숍 또는 교육을 실시하여 COP 보고서에 대한 이해도를 제고해야 한다.

나. 목적 구체화

COP 경영 보고서를 발간하고자 하는 목적을 구체화해야 한다. 유엔글로벌콤팩트에 가입한 후 10대 원칙 이행을 위해서 보고서를 발간할 수도 있으며, 조직의 지속가능경영 활동을 더욱 구체화하여 보고서를 발간하는 것도 가능하다.

다. 일정 및 예산

보고서 발간을 위한 조직 구성에서 인쇄 및 배포에 이르는 일정을 사전에 수립하여 로드맵을 작성해야 한다. 작성 일정은 조직의 규모, 환경에 따라 상이할 수 있으며 통상적으로 3개월 정도가 소요된다고 할 수 있다.

COP 발간 과정에서는 디자인 및 인쇄비용이 크게 소요된다. 최근에는 인쇄를 하지 않고 전자문서 형태로만 발간하는 경우가 증가하는 추세이다.

2) 보고서 작성

COP 보고서는 유엔글로벌콤팩트에서 제시하는 10대 원칙에 대한 주요 정책 및 활동을 기술하여야 한다. 즉, 인권, 노동, 환경, 반부패 분야에서 펼치고 있는 사례를 제시하고, 그 성과와 앞으로의 계획을 기술하여야 한다. 국내 COP는 조직에 대한 소개 및 기타 사회공헌 활동 등을 추가하여 보고서를 발간하는 형태가 일반적이다.

가. 정보 수집

보고서 발간을 위한 기초 자료를 수집해야 한다. 정확한 자료 수집을 위해서는 관련 자료를 어느 부서에서 관리하는지 파악한 후 담당자를 선정하는 것이 효율적이다.

나. 보고서 작성

보고서의 내용을 작성하면서 주의해야 할 것은 COP 보고서가 조직의 긍정적인 활동만을 보고하는 홍보자료가 되는 것이다. 보고서의 신뢰성을 제고하고 독자들과의 원활한 커뮤니케이션을 위해서는 작성 과정에서 다음의 원칙을 준수해야 한다.

- 균형성 : 조직의 성과보고에서 긍정적, 부정적 측면을 모두 포함해야 함
- 비교가능성 : 시간 경과에 따른 조직의 변화를 보고해야 함
  (3개년 자료 보고 등)
- 신뢰성 : 보고서 내 정보의 출처 또는 원 자료가 확인 가능해야 함
- 명확성 : 보고서 정보를 독자가 쉽게 이해할 수 있어야 함(용어 해설 등)
- 적시성 : 보고 기간에 맞는 최신 자료를 사용해야 함

다. 보고서 검증

초안은 부서별 회람을 통해 Data와 기술된 내용의 정확성을 제고해야 한다. 또한 제3자 검증을 통해 독자와의 커뮤니케이션이 활발하게 이루어

〈참고〉

COP 경영 보고서 구성 사례

분류		내용	보고 자료
지지선언문		조직의 유엔글로벌콤팩트 지지선언문	지지 이유 및 기대이익 주요 활동 및 성과
조직 소개		조직 개요, 비전 및 전략, 주요 연혁 등	
인권	원칙1	기업은 국제적으로 선언된 인권 보호를 지지하고 존중해야 한다.	근로기준법 준수 비정규직 보호 활동 인권교육 시간
	원칙2	기업은 인권 침해에 연루되지 않도록 적극 노력한다.	
노동	원칙3	기업은 결사의 자유와 단체교섭의 권리를 보장해야 한다.	노사협의회 활동
	원칙4	기업은 모든 형태의 강제노동을 배제하여야 한다.	ILO 규약 준수 직원고충처리제도
	원칙5	기업은 아동노동을 효과적으로 폐지하여야 한다.	취업 규칙(채용조건) 불우아동돕기 활동
	원칙6	기업은 고용 및 업무에 있어서 차별을 근절하여야 한다.	비정규직 보호 활동 성차별 방지 활동
환경	원칙7	기업은 환경문제에 대한 예방적 접근을 지지하여야 한다.	친환경기술 개발 사례 환경보호 활동 환경경영 외부 인증 폐기물(대기/폐수 등) 절감 실적
	원칙8	기업은 환경에 대한 책임 강화에 솔선하여야 한다.	
	원칙9	기업은 환경친화적인 기술의 개발과 확산을 장려하여야 한다.	
반부패	원칙10	기업은 부당취득 및 뇌물 등 모든 형태의 부패를 근절하기 위해 노력해야 한다.	윤리경영 활동 부패사건 대응
기타 보고		경제적 성과 : 매출액, 사업 규모 등	
		사회적 성과 : 사회공헌 활동, 고객만족 활동	

- 지지선언문

  지지성명서는 CEO 및 경영진의 Global Compact 10대 원칙에 대한 지속적인 지지 의사를 기술해야 하며, 경영 성과와 활동 등에 대한 내용이 포함될 수 있다.

- 10대 원칙 지지 활동

  활동내역에서 보고 기관의 공약, 활동 내역, 구체적 적용 사례 등에 대해 보고한다. 공약은 10대 원칙의 특정 가치에 대한 이행을 자발적으로 천명하는 것으로 조직의 비전을 기반으로 작성한다. 활동 내역은 10대 원칙을 이행하기 위한 내부 활동에 대한 세부적인 설명을 담고 있으며, 훈련 프로그램, 캠페인, 감사, 평가, 경영 이니셔티브 등을 기술할 수 있다.

- 10대 원칙 성과

  성과는 유엔글로벌콤팩트 10대 원칙을 적용하여, 기업이 현재 CSR을 위해 실천하고 있거나 지속적으로 개선하고 있는 내용을 보고한다. 성과를 보고할 때에는 수치로 계량화하는 것이 독자들의 이해를 제고시킬 수 있다. 특히, 단순한 성과 나열에 그치지 않고 경영 목표 및 이에 대한 달성 여부를 함께 보고하여, 성과를 점검하는 것이 바람직하다.

졌는지, 보고된 정보가 정확한지에 대해 확인을 거칠 수 있으며, 이를 통해 보고서의 신뢰성을 제고할 수 있다.

3) 보고서 발간 및 배포

가. 보고서 디자인

디자인 업체와 디자인 사진촬영 및 작업 방향에 대한 협의한 후 일러스트레이션과 사진보정 작업 등을 통해 보고서에 필요한 그림과 사진을 확보한다. 작업 도중 보고서 담당자는 지속적인 커뮤니케이션을 통해 보고목적을 훼손하지 않도록 노력해야 하며, 디자인 과정에서 늘어나는 원고분량을 최소화 하도록 노력해야 한다.

나. 보고서 배포

발간된 COP 경영보고서는 유엔글로벌콤팩트에 등록하는 한편, 발송 및 웹 게시를 통해 외부 이해관계자들에게 배포하게 된다. 또한 대외 행사시 보고서를 배포하여 COP 경영보고서의 홍보와 함께 조직의 이미지 제고를 위해 이용할 수도 있다.

다. 보고서 의견 수렴

보고서가 배포된 후에는 다양한 이해관계자들로부터 보고서에 대한 의견을 수렴한다. 이해관계자와의 면담, 설문조사 등의 방법을 통해 보고서에 대한 의견수렴을 진행하며, 파악된 의견들은 다음 COP 경영보고서 작성을 위한 자료로 사용할 수 있다.

3. COP 작성의 기대효과

COP 경영보고서를 작성하면서 조직은 광범위한 이해관계자의 요구사항을 충족시킬 수 있으며, 조직의 영향, 환경의 변화, 개선점 등에 대한 체계를 구축할 수 있다.

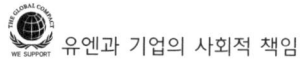 유엔과 기업의 사회적 책임

1) 내부적 이점

- 조직의 지속가능경영 비전을 제시하고 잠재적 위험요인을 사전에 파악하여, 단순한 홍보 목적의 보고서 발간에서 한걸음 더 나아가 위험요소에 대한 적극적인 대응 의지를 표명할 수 있다.
- 전 임직원의 CSR 경영인식을 제고하여 보다 강력하게 CSR 경영을 추진할 수 있다.
- 원칙에 근거하여 지속적으로 경영 성과를 관리하게 됨으로써 보고 기관의 지속적인 성과와 진행상황을 확인할 수 있다.

2) 외부적 이점

- 신뢰도와 투명도의 증가를 통해 보고 명성과 브랜드 가치를 향상시킨다.
- 지속가능한 비전과 전략 실행 계획을 명확하게 선언함으로써 이해관계자와의 관계를 강화한다.
- 보고 기관은 선도적이고 책임 있는 시민 정신의 리더십을 발휘할 수 있다.

4. COP 작성 과제

수준 높은 COP 경영 보고서 발간을 위해서는 유엔글로벌콤팩트 원칙을 준수하는 경영이 선행되어야 하며, 관련 정책 및 활동에 대한 지속적인 관리가 필요하다. 또한 단순히 보고서를 발간하는 목표를 넘어서, COP 발간을 통해 조직의 지속가능경영 성과를 점검하고 발전시킬 수 있는 계기로 삼아야 할 것이다.

제 5 부
한국과 유엔글로벌콤팩트 :
유엔글로벌콤팩트 한국협회 이야기

제 5 부 한국과 유엔글로벌콤팩트 : 유엔글로벌콤팩트 한국협회 이야기

| 제 1 장 |

유엔글로벌콤팩트 한국협회의 활동 : CSR의 주류화를 위한 여정*

한국에서도 글로벌콤팩트 활동을 확산하고 UNGC 회원사를 지원하기 위해 2007년 9월에 로컬 네트워크, 즉 유엔글로벌콤팩트 한국협회가 설립되었다. 2005년 한국전력의 UNGC 최초 가입을 시작으로, 2007년이후 200여 개 기업 및 단체가 유엔글로벌콤팩트에 참여하고 있다. 한국협회는 외교통상부와 UNDP 한국위원회(2010년 12월 폐쇄)의 도움으로 설립되었으며, 독립적인 구조로 운영되고 있다. UNGC 회원사 대표 10~20여 명으로 구성된 이사회를 중심으로, 회원사 임원 10~20여 명으로 구성된 운영위원회, 정부 관련부처 고위 공무원 및 시민사회 대표 등 10여 명으로 구성된 자문위원회를 두고 있으며, 사무처가 다양한 활동을 하고 있다. 2009년 1월에는 한국협회내에 서울글로벌콤팩트 연구센터를 설립하여 UNGC, CSR 및 MDGs에 대한 연구활동을 추진하고 있다.

---

* 작성자_ 이준석(유엔글로벌콤팩트 한국협회 팀장)

유엔과 기업의 사회적 책임

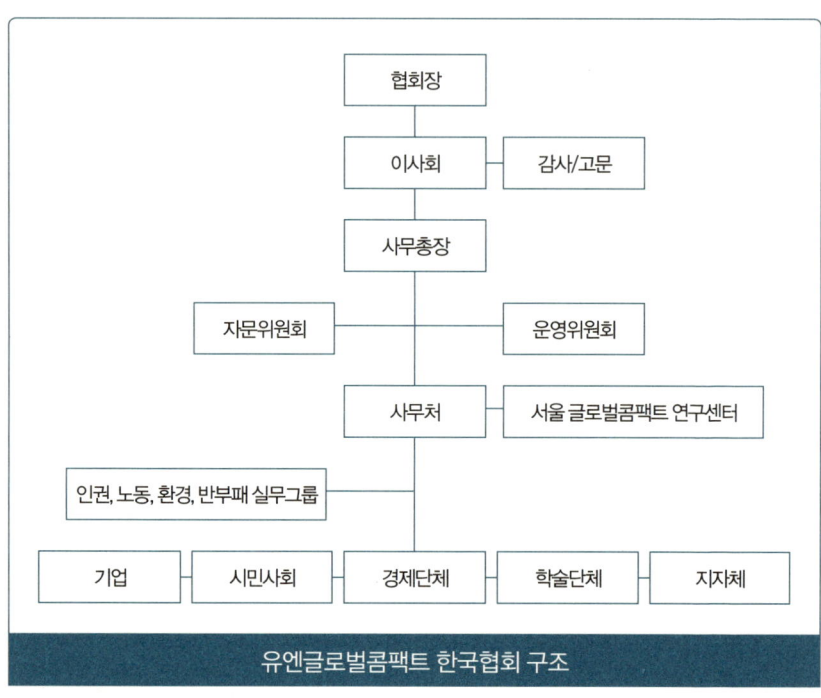

유엔글로벌콤팩트 한국협회 구조

이사회	회장 1명, 부회장 3명, 이사 10~20명, 감사 2명 및 고문으로 구성. 매분기 개최되는 회의에서 주요사항을 결정
운영위원회	운영위원 10~20명으로 구성, 분기별 회의에서 총회, 이사회에서 결정된 사안의 시행방안, 협회활동의 운영방안에 대해 토의
자문위원회	정부 및 시민사회의 고위 관계자들로 구성. 매년 1회 개최되는 회의에서 한국협회 운영에 대한 자문을 제공
사무처	사무총장, 팀장, 간사 등으로 구성되며, 한국 UNGC 회원사 활동에 대한 실무적 지원을 담당
연구센터	UNGC, CSR 관련 연구 및 기업의 MDGs 참여에 대한 리서치, 설문조사 등을 수행
Working Group	인권, 반부패 working group이 구성되어 활동하고 있음

제 5 부 한국과 유엔글로벌콤팩트 : 유엔글로벌콤팩트 한국협회 이야기

유엔글로벌콤팩트 한국협회는 매년초 연차 총회를 통해, 전년도 활동 및 향후 계획보고 등 주요 사항을 결정한다. 한국내 UNGC에 대한 인식제고와 기업의 유엔 활동 참여를 위해 인권, 노동, 환경, 반부패 및 MDGs 등 이슈별로 심포지움, 회의, 세미나를 개최하여, 회원사간 대화의 장과 학습 계기를 마련하고 있다.

1. 유엔글로벌콤팩트 리더스 포럼(UNGC Leaders Forum)

한국협회는 분기별로 UNGC 리더스 포럼이라는 CEO 조찬회를 개최하는데, 이를 통해 회원사 CEO들에게 CSR 관련 중요인사의 강연을 듣고 토의할 기회를 제공하고 있다. 한국에는 유난히 조찬회 문화가 발달해 있다. 수많은 이름의 조찬회가 이른 아침부터 개최되어 다양한 내용의 배울 거리와 토론 거리를 제공하고 있는데, 이는 한국인의 근면성에 바탕한 아침형 문화와 끝없이 배움을 추구하는 학구열이 어우러진 현상이라고 할 수 있다. 기업의 사회적 책임은 다루는 분야도 넓고, 국제적으로 하루가 다르게 새로운 소식이 생겨나는 분야이다. 다시 말해 배우고 토론해야 할 거리가 무궁무진한 분야인 것이다. 게다가 정부에서도 그 중요성을 인식하여 점차 이에 대한 관련 법률 제정, 제도 정비를 통해 기업 환경을 변화시키고 있는 만큼, CEO들은 'CSR을 통해 어떻게 새로운 시장을 창출할 것인가', '어떻게 우리 기업에 맞게 CSR을 받아들일 것인가', '관련 국내외 법

률은 무엇이고 어떻게 대응해야 하는가'에 대해 부지런히 고민해야 할 주제일 것이다. 현재까지 국제 비즈니스 리더스 포럼*IBLF, International Business Leaders Forum*의 아담 리치*Adam Leach* CEO, 유엔글로벌콤팩트 설립의 주역인 노팅험 대학교의 올리버 윌리암스*Oliver Williams* 교수, 코펜하겐 기후변화협약 당사국 총회에서 한국을 대표했던 정래권 당시 기후변화대사, 국민권익위원회 김영란 위원장 등이 초빙되어 기업의 사회적 책임에 대한 통찰력있는 논의의 장이 열렸다.

2. COP 워크숍

또한 연간 3~4회 COP*Communication On Progress, UNGC 회원사들의 UNGC 10대 원칙 이행상황을 서술한 연간보고서* 워크숍을 개최하여, COP 제도, 정책, 작성법 소개 및 사례발표 등을 통해, 한국 회원사들의 COP제출, 공유를 지원하고 있다. COP 제출은 유엔글로벌콤팩트에 가입한 기업들이 지켜야 하는 유일한 의무이며, 제출을 하지 않았을 경우 제명*expelled*되는데, 실제로 COP 미제출로 유엔글로벌콤팩트에서 제명되는 기업수가 적지 않다. 2012년 1월을 기준으로 6,500개 이상의 기업들이 가입되어 있는데 비해, 현재까지 10여 년간 COP 미제출로 탈퇴된 기업이 3,000여 개에 이른다. 10여 개의 한국기업들도 COP를 제출하지 않아 제명된 바 있다. 유엔글로벌콤팩트 한국협회의 가장 기본적인 역할은 한국 회원사들이 COP 미제출로 제명되지 않도

제 5 부 한국과 유엔글로벌콤팩트 : 유엔글로벌콤팩트 한국협회 이야기

COP 워크숍

록 가능한 최선의 지원을 하는 것이다. 이를 위해 COP워크숍을 개최하고, 유엔의 COP관련 참고 자료를 번역하여 배포하며, 템플릿을 만들어 회원사들의 COP 제출을 돕고 있다. 특히 중소기업의 경우, 지속가능성보고서나 COP 보고서를 처음 작성하는 경우, 큰 부담감을 느끼는 경우가 많다. COP 워크숍에서는 다른 기업에서 직접 COP를 작성한 실무담당자들이 어떤 방식으로 계획을 세우고, 팀을 짜서, 발간을 해야할 지에 대해 구체적이고 현실적인 설명을 하여 서로 도움을 주고 있다. 이러한 설명을 듣고 성공적으로 COP를 작성한 실무자는 다음번 COP 워크숍에서는 발표 강사가 되어, COP 작성의 선배로서 처음 COP를 접하는 다른 실무자들에게 도움을 주는 선순환 구조를 만들고 있다.

3. 반기문 유엔사무총장을 위한 간담회

2008년부터 2011년까지 매년 개최된 반기문 유엔사무총장을 위한 조찬간담회 및 오찬간담회에서 한국 회원사 CEO들이 함께한 가운데, 반기문 유엔사무총장이 직접 한국내 UNGC 가치의 중요성을 강조한 바 있다. 특히, 2011년 개최된 조찬회에서는 한국협회 회원들에게 바라는 점 세가지를 전달했다. 반기문 사무총장은 "첫째, 글로벌콤팩트는 전세계 회원수를 2020년까지 2만 여 개로 증대할 계획을 갖고 있으며, 이를 위해 한국 기업들의 보다 많은 관심과 참여가 필요"하다고 언급하였고, "한국 정부의 사회적 기업 문화 정착을 위한 정책적인 노력과 함께 기업의 사회문제 해

유엔사무총장을 위한 조찬간담회(2011년 8월 10일 소공동 롯데호텔 개최)

제 5 부 한국과 유엔글로벌콤팩트 : 유엔글로벌콤팩트 한국협회 이야기

결을 위한 사회적 기업 캠페인에 동참"할 것을 호소하였다. 또한, "글로벌 콤팩트 한국협회가 오는 11월(2011년 11월 22~23일) 사회적 기업과 관련한 프로젝트의 일환으로서 'Global CSR Conference 2011'을 개최하는 것을 높이 평가"하고 이에 대한 참여를 촉구하였다. 아울러, "내년 6월 (2012년 6월 20~22일) 개최되는 '유엔지속가능개발회의$^{Rio+20\ 정상회의}$'에서 유엔은 향후 전세계의 미래를 좌우할 지속가능한 성장에 대한 청사진을 제시할 예정인데, 정상회의의 성공을 위해서는 민간 기업의 참여가 중요한 만큼 글로벌콤팩트 회원사의 적극적인 참여를 기대"한다고 강조하였다. 반기문 유엔사무총장은 첫 임기부터 유엔글로벌콤팩트를 주요 추진 아젠다로 삼고, 유엔과 기업간 파트너십을 위한 중요한 통로로 강조해 왔다. 세계 여러나라를 방문할 때마다, 그 국가의 유엔글로벌콤팩트 네트워크에는 거의 매번 방문하고 있으며, 2011년 8월 방한시에도 그 첫 행사로 유엔글로벌콤팩트 한국협회 회원사 CEO 조찬회에 참여하였다.

4. 유엔글로벌콤팩트 봉사자 활동

유엔글로벌콤팩트 한국협회는 정기적으로 인턴을 선발하고 있다. 인턴들은 주로 국제관계학, 경영학을 전공한 대학생 및 대학원생들이 많으며 영어 및 기타 외국어에 능통한 우수 인력들로 선발된다. 인턴들은 단순 업무보다는 협회의 회원사 관리, 각종 문서 작성, 유엔 자료의 번역 및 정리,

유엔과 기업의 사회적 책임

국제 회의 준비, 주요 연사 섭외, 각종 통계 자료 리서치 등 중요한 업무에 적극적으로 참여하는 등 한국협회에서 큰 역할을 하고 있다.

협회 설립 후 5년 동안, 한국협회를 거쳐간 인턴들이 약 100여 명에 이르고 있으며, 국내 '기업의 사회적 책임' 분야의 중요한 인력 풀^{pool}이 되고 있다. 처음에는 '기업의 사회적 책임'이나 유엔에 대한 단순한 호기심으로 인턴십을 지원한 학생들도 3개월간의 인턴 경험을 통해 CSR이 국제적으로 어떠한 흐름을 가지고 있는지, 기업과 유엔의 파트너십은 어떻게 발전하고 있는지, 또 국내 기업들의 CSR 활동은 어떠한지에 대해 구체적으로 알게 되며, 이를 통해 나름의 CSR에 대한 생각과 가치관을 갖게 된다. 인턴 중 상당수가 후에 국내 대기업 및 외국계 기업의 CSR 관련 부서에 취직하기도 하였고, ILO 등 유엔 본부에서도 민간 파트너십 부서의 정직원으로 채용되기도 하였으며, 언론사의 CSR 담당기자로 취직하여 UNGC 및 사회책임에 대한 기사를 통해 일반에게 CSR을 알리는 역할도 하고 있다. 또한 많은 인턴들이 CSR 관련 국내외 대학원 과정에 합격하여, 아직 CSR 관련 전문가가 많지 않은 국내 상황에서, 미래의 CSR 전문가가 될 준비를 하고 있다. 유엔글로벌콤팩트 한국협회 인턴들이 앞으로 UNGC 서포터로서 한국내 기업 지속가능성 문화 형성에 큰 역할을 할 것으로 기대된다.

제 5 부 한국과 유엔글로벌콤팩트 : 유엔글로벌콤팩트 한국협회 이야기

| 제 2 장 |

CSR 촉진 동북아 신협력 패러다임 :
한·중·일 글로벌콤팩트 라운드테이블 컨퍼런스

한국·중국·일본 유엔글로벌콤팩트 협회(네트워크)는 2009년부터 매년 '한·중·일 글로벌콤팩트 라운드테이블 컨퍼런스'를 공동 주최하여, 동아시아적인 맥락에서 UNGC 및 CSR 가치의 발전 방향에 대해 논의하고 있다. 유엔글로벌콤팩트 및 기업의 사회적 책임^{CSR}은 모두 서구의 문화적

제1회 한·중·일 글로벌콤팩트 라운드테이블 컨퍼런스에서 서명중인 3국 UNGC 협회 대표

배경에서 나온 개념으로 그 내용은 대체로 보편적인 가치에 기반하고 있지만, 동아시아의 문화적 배경에서 이를 그대로 적용하기에는 다소 자연스럽지 않은 감이 있다는 의견이 있었다. 유엔글로벌콤팩트 가치와 기업 지속가능성을 보다 동아시아적인 맥락에서 소화하고, 동아시아적인 CSR의 발전을 도모하기 위해, 한중일의 기업, 학자 및 UNGC 협회가 모여 서로 논의하기 위한 장을 마련해 보자는 취지로 '한·중·일 글로벌콤팩트 라운드테이블 컨퍼런스'를 매년 개최하게 된 것이다. 이 회의는 한국협회의 주도에 의해 발족되었으며, 2009년 서울회의를 시작으로 2010년에는 중국 상하이에서, 2011년에는 일본 동경에서 개최되었다. 동 회의에서는 각국 기업 회원사의 사례발표 및 제반 논의와 함께, 학자들의 공동 연구도 진행되고 있다. 2012년에는 한국이 주최할 예정이다.

많은 국내 기업들이 CSR이 최근 중요한 이슈로 떠오르고 있고, CSR 활동을 해야 하는데 막상 시작을 하려하니, 생소한 용어와 개념이 너무 많아 어떻게 시작해야 하는지 난감해 하는 경우가 많다. 따라서 한국 기업들은 서구 기업들의 우수사례를 CSR 선진 사례로서 벤치마킹하는 경우가 많다. 또한 기업 지속가능성에 관한 국제 기준과 원칙을 제정할 때, 국내 기업이 능동적으로 참여하는 경우가 드물었기 때문에, 서구의 기업들과 학자들이 만든 기준을 수동적으로 따르는 차원에 머물렀었다. CSR의 국제적인 틀을 만드는데 아시아의 목소리가 거의 반영되지 않았던 것이다. 이렇듯 아직까지 CSR에 있어서 아시아의 기업들, 특히 국내 기업들의 자신

제 5 부 한국과 유엔글로벌콤팩트 : 유엔글로벌콤팩트 한국협회 이야기

감이 충분하지 않은 상태이다. 이러한 상황에서 한중일의 글로벌콤팩트 라운드테이블 컨퍼런스는 기업의 사회적 책임에 있어서 아시아 기업들이 꼭 후발주자라는 태도를 가져야 하는가, 우리도 이미 잘 하고 있는 것이 있지는 않은가, 아시아의 전통적 가치가 CSR과 연계될 수도 있지 않은가 등에 대해 논의하고 있다. 아직은 구체적인 성과가 나온 단계는 아니지만, 앞으로 유엔글로벌콤팩트라는 보편적인 가치가 아시아의 철학, 기업 문화, 사회 구조에 자연스럽고 견고하게 뿌리내릴 수 있도록 하는데 중요한 역할을 하게 될 것이다.

실제로 한국, 중국, 일본은 오랜 역사에 걸쳐 나름의 상도商道를 발전시켜 왔으며, 이는 유엔글로벌콤팩트의 가치, 기업의 사회적 책임과 본질적으로 크게 다르지 않다는 의견이 많다. 논어의 '견리사의見利思義'는 이익을 보면 항상 의로움을 생각하라는 뜻으로 기업이 이익을 추구할 때, 그것이 사회와 환경에도 도움이 되는지 고려해야 한다는 것으로 해석하여 이해관계자를 중시하는 자본주의와 연계될 수 있다. 부의 주인은 천하만민이라고 역설했던 일본 에도시대 사상가 이시다 바이간의 사상도 이해관계자와의 커뮤니케이션을 통한 경영으로 볼 수 있다. 또한 한국의 조선왕조실록의 철두철미한 기록문화가 투명성과 책임성을 강조하는 기업의 내부통제 시스템으로 발전할 수도 있을 것이다.

한국협회는 더욱 다양한 방법을 통하여, 국내 상황에 맞는 UNGC 가치

유엔과 기업의 사회적 책임

의 이행 방안을 계속해서 모색하고 있으며, 한국기업들의 목소리가 국제적인 CSR 흐름에 더 많이 반영되고, 또 적극적으로 유엔의 활동에도 참여할 수 있도록 노력하고 있다.

| 제 3 장 |
CSR 주요 국제 회의

1. 상황의 변화
: '아시아에서의 지속가능한 경제를 위하여' 국제 회의

유엔글로벌콤팩트, 유엔환경계획 금융 이니셔티브$^{UNEP\ FI}$, 유엔책임투자원칙^{UNPRI}은 2008년 6월 17~18일 서울에서 '상황의 변화 : 아시아에서의 지속가능한 경제를 위하여'[66]라는 제목으로 합동 국제회의를 개최하였다. 환경, 사회 및 거버넌스 요소들을 금융기관, 기관투자자 및 산업체의 활동에 도입하도록 촉진해 보자는 취지로 개최 되었는데, 기업의 사회적 책임을 대표하는 유엔기관인 유엔글로벌콤팩트와 사회책임투자 이슈를 맡고 있는 유엔 기관인 UNEP FI와 UNPRI가 한데 모여, 최신 이슈에 대해 발표하고 논의하였다. 기업의 사회적 책임이 효과적으로 추진되기 위해서는 기업에 투자하는 투자자와 금융 기관 또한 '착한 기업'에 투자함으로서 밀어주는 역할이 중요하다. 최근에는 환경, 사회, 거버넌스 분야에서 두드러진 기업이 수익률도 높고, 투자자들에게도 더 많은 수익을 가져다 준다는 연구가 더 많이 나오고 있다. 세계 유수의 투자 기관들은 투자 대상의 금융, 비금융 이슈를 모두 아우르며, 리스크를 살피는 분석을 통해 더욱 정확하게 기업을 평가할 수 있다는 분석이다. 이러한 상황에서 '상황의 변화' 회의는 CSR*기업의 사회적 책임*과 SRI*사회책임투자*를 연계한다는 면에서 큰 의미가 있었다.

반기문 유엔사무총장은 영상 메시지를 통해 "시민사회와 투자기관, 기업들이 환경오염이나 인권침해 등 시장 실패를 해결하기 위해 공동으로 참여하고 있는 만큼, 이 회의가 지속가능한 경제를 만들어 가는데 동참하는 기회가 되기를 희망한다"고 격려하였다. 한승수 당시 국무총리는 축사를 통해 "과거 유엔은 국가간 협력을 통해 이 같은 시장 실패를 극복하려고 했지만, 이제 기업이나 금융사 등 민간 부문의 활동이 더욱 중요하게 여겨지고 있다"며 "UNEP FI, UNGC, UNPRI의 활동들은 유엔과 민간부문의 협력의 성공사례"라고 강조하였다.

이 회의에서는 기후변화가 경제체제를 재편하고 있는 양상, 노동 지배구조 등 기업과 이행관계자의 관계 맺음이 경영에 미치는 영향, 환경·사회·지배구조 등 지속가능경영을 가능케하는 이슈, CSR 이슈의 국제적 동향과 아시아 CSR의 특성, 교토의정서 등 기후변화에 대응하기 위한 국제사회 움직임이 기업 경영관행에 미치는 영향 등을 주제로 이에 대한 발표와 토론이 있었다.

유명환 전 외교통상부 장관, 최태원 SK회장*유엔글로벌콤팩트 국제이사*, 이종휘 전 우리은행장, 신상훈 전 신한은행장 등의 국내 인사와 게오르그 켈

제 5 부 한국과 유엔글로벌콤팩트 : 유엔글로벌콤팩트 한국협회 이야기

UNGC 사무국장, 도널드 맥도날드 UNPRI 회장 등 국제 인사를 비롯하여 500여 명의 지도급 인사가 참석하였다.

공동 주최자인 세 단체는 특히 '기후변화', '자원고갈', '환경오염', '산림벌채', '도시화', '노동, 인권 침해'가 아시아 경제의 지속가능한 발전을 위협하고 있음을 지적하며, 세계의 투자가, 재정 전문가, 기업들의 지속가능한 행동을 요청하는 '서울 선언'을 채택하였다. '서울 선언'[67]에서는 전 세계 대형 금융기관과 대기업, 시민 사회의 여러 기관과 리더들이 금융활동 과정에서 환경, 사회, 지배구조 이슈를 고려하고, 부패 척결과 투명성 제고에 힘쓰며, 지배구조를 개선할 것을 명시하였다.

2. 2010 B4E(Business for Environment), '환경을 위한 글로벌 기업 정상회의'*

코펜하겐 제15차 유엔기후변화협약 당사국총회 ^{COP15} 이후 첫 개최되는 2010 B4E, '환경을 위한 글로벌 기업 정상회의 $^{Business\ for\ Environment}$'가 제 4회차로 2010년 4월 21~23일 서울 코엑스 ^{Coex}에서 개최되었다.

이미 파리와 싱가포르에서 성공적으로 개최된 바 있는 B4E는 전세계의

---

* 작성자_ 설우정 (유엔글로벌콤팩트 한국협회 간사)

유엔과 기업의 사회적 책임

2010년 4월 서울에서 개최된 B4E 국제회의

정재계, NGO, 미디어 관계자가 한자리에 모여 글로벌 녹색경제에 대해 논의하고, 기업 중심의 실천을 촉구하기 위한 연례 행사이다.

비즈니스와 환경에 관한 행사로는 최대규모를 자랑하는 이 회의는, 유엔환경계획^{UNEP}, 유엔글로벌콤팩트$^{UN\ Global\ Compact}$, 세계자연보호기금^{WWF}, Global Initiatives가 공동 주최하여, 자원의 효율성, 신재생 에너지, 신 비즈니스 모델, 기후 정책 및 전략 등 녹색 미래를 구현하기 위한 핵심적인 이슈들을 주요 의제로 논의하였다. 특히, 에너지 효율성·녹색성장 전략·수자원 관리·청정기술 혁신 등 다양한 분야에서의 해결방안 및 접근방식 마련에 앞장서는 새로운 지속가능성 협약에 대해 논의하는 자리였다.

제 5 부 한국과 유엔글로벌콤팩트 : 유엔글로벌콤팩트 한국협회 이야기

먼저 반기문 UN사무총장은 "경제적·환경적 웰빙을 위해 우리에게 필요한 것은 녹색 성장"이라며 "기후 변화, 사막화, 생물다양성 감소는 그 자체로 새천년개발 목표*Millennium Development Goals* 달성에 위협이 되고 있다. 우리에게 필요한 것은 실천, 혁신, 의지이다. 기업들이 주도적인 역할을 담당해주길 기대한다"고 말했다.

이명박 대통령 또한 기조 연설을 통해 반기문 UN사무총장의 주제와 뜻을 같이하며 세계 각국이 경제적·환경적 혜택을 모두 확보할 수 있는 발전을 유도할 수 있다고 밝히고, 특히 대한민국의 녹색성장 촉진 정책을 강조했다.

아킴 슈타이너*Achim Steiner* 유엔환경계획*UNEP* 사무총장은 글로벌 기업 정상 및 재계 참여자들의 환경 문제 접근 방식에 있어 '새로운 패러다임'의 필요성을 역설하며, "20세기식 낡은 경제 모델로는 2050년경 90억을 돌파할 것으로 예상되는 60억 인구의 지구가 필요로 하는 저탄소, 자원 효율적인 경제 개발 과정의 실현이 불가능하다. 녹색 경제로의 전환은 결국 불가피한 것이다. 이제 남은 문제는 이러한 전환을 계획에 따라 추진하느냐 아니면 그저 수수방관 하느냐이다"라고 주장했다.

게오르그 켈*Georg Kell* 유엔글로벌콤팩트 사무총장은 지난 10년 간 기업의 사회적 책임 및 지속가능성 분야에서 강력한 변화의 움직임이 나타났다고 밝히며, 현재 유엔글로벌콤팩트 참여 규모는 140개국 6,000여 회원에 달한다고 강조했다. 또한, 켈 사무총장은 "현 추세를 바탕으로 더욱 활발한 활동을 전개해 나가야 한다."라며 "메시지는 분명하다. 환경 및 사회,

거버넌스 관련 이슈를 기업의 전략 및 운영에 반영함으로써 기업과 사회 모두 보다 장기적이고 폭넓은 영역에서 가치를 형성할 수 있다. 이것이야말로 글로벌 경제 및 우리 모두의 지구를 위한 성공의 방정식인 것"이라고 말했다.

이외에도 몰디브 공화국의 모하메드 나시드 Mohamed Nasheed 대통령과 가이아나 공화국의 바라트 자그데오 Bharrat Jagdeo 대통령이 참석한 이번 글로벌 기업 정상 회의는 유엔환경계획 UNEP, 유엔글로벌컴팩트 UN Global Compact, 세계 자연보호 기금협회 WWF와 함께 한국의 환경부, 지식경제부, 녹색성장위원회가 공동 주최, 35개국 약 1,000여 명이 참여한 행사로, 2010 지구의 날 행사와 연계되어 성황리에 개최됐다.

한국협회는 4월 23일 유엔글로벌컴팩트 조찬회를 개최하고 '기후를 위한 배려 Caring for Climate'와 '최고경영자 수자원관리 책무 CEO Water Mandate' 가입 서명식을 가졌다.

3. 국내 최초의 CSR 국제회의, Global CSR Conference 2011

유엔글로벌컴팩트 한국협회는 "유엔글로벌컴팩트를 통한 기업 지속가능성 향상"을 주제로 2011년 11월 22~23일 이틀에 걸쳐 국내 최초의 CSR 국제회의인 Global CSR Conference 2011[68]을 성공적으로 개최하였다. 국제사회에서 유엔글로벌컴팩트 가치 전파와 지속 가능성의 증대

제 5 부 한국과 유엔글로벌콤팩트 : 유엔글로벌콤팩트 한국협회 이야기

Global CSR Conference 2011에서 연설하는 위겟 라벨 국제투명성기구 회장

를 핵심 목표로 삼고 600여 명의 국내외 참석자들은 기업 지속가능성, 우수사례의 발굴과 지속가능성을 통한 기업 경쟁력 강화 방안 등에 대해 광범위하게 논의하였다.

개회사에서 이승한 유엔글로벌콤팩트 한국협회 회장은 "경쟁을 통한 외형 성장만으로는 기업 생존에 한계가 있고, 이제 기업의 사회적 책임^{CSR}은 선택이 아닌 필수"임을 강조하였다. 또한 반기문 유엔사무총장은 영상 메시지를 통한 축사에서 "다수의 참여 없이는 변화를 이룩할 수 없으며 한국기업들이 지속가능성을 수용하고, 유엔글로벌콤팩트 한국협회에 가입함으로써 적극적으로 도움을 주기 바란다"고 하였다.

유엔과 기업의 사회적 책임

한승수 조직위원장은 환영사에서 "유엔글로벌콤팩트는 유엔과 기업간의 전도유망한 협력체계를 보여주며, 더욱 개선된 국제개발협력 방안을 논의하는 장이 될 것"이라고 전망하였다. 아울러 유엔글로벌콤팩트의 게오르그 켈 Georg Kell 사무국장은 '기업지속가능성 리더십 청사진을 통한 CSR 경영'이라는 주제로 기조연설을 하며, "기업들이 사회적 책임 CSR을 다하는 것은 미래 발전 기회를 선점하는 좋은 계기가 된다"고 밝혔다.

참석자들은 다양한 주제의 세션을 통하여 기업의 사회적 책임과 관련한 경영 혁신과 전략을 공유하며, 산업, 정부, 학계, NGO의 세계 주요 리더와 전문가들로부터 새로운 관점을 접하는 기회를 얻었다. 분과세션에서 '유엔글로벌콤팩트 원칙과 기업경영의 변화'를 주제로 유엔글로벌콤팩트의 인권, 노동, 환경, 반부패의 분야 내 최신이슈에 대한 기업의 우수사례 발표 및 토의에 참석하였고, '이해관계자 참여와 기업혁신' 주제의 세션에서는 기업이 주요 이해관계자와의 커뮤니케이션을 통해 피드백을 받아 이를 기업전략과 혁신에 반영하는 우수사례 발표 및 토의가 이루어졌다. 아울러 둘째날의 종합세션에서 '기업 공시와 사회책임투자'를 주제로 사회책임투자에 대한 글로벌트렌드가 소개되었고, 기업 지속가능성과 기업 성과 간의 상관관계를 보여주는 구체적 사례들이 제시되었다.

환경부장관 주최의 갈라디너에서 유영숙 환경부장관은 "기업들이 유엔글로벌콤팩트 4대 가치와 더불어 기후변화 대응에도 힘써줄 것"을 당부

제 5 부 한국과 유엔글로벌콤팩트 : 유엔글로벌콤팩트 한국협회 이야기

하였으며, 이어 김영란 국민권익위원장이 기업의 사회적 책임을 강조하는 내용의 축사를 하여 한국정부의 유엔글로벌콤팩트의 가치에 대한 지지의 사를 표명하였다.

갈라디너에서 이루어진 UNGC 가치대상 시상식은 회의 참석자들뿐만 아니라 외부 언론 및 다양한 부문의 이해관계자들로부터 특별한 주목을 받았다. 여기서 유엔글로벌콤팩트 한국협회는, 인권, 노동, 환경, 투명윤리 및 지역사회나눔, 유엔새천년개발목표^{MDGs, Millennium Development Goals} 등의 각 분야에서 우수한 사례를 보인 한국의 기업들을 시상하였기 때문이다. 이는 국내외적으로 다소 알려지지 않은 국내기업들의 지속가능경영 활동을 부각시키고, 더 나아가 국내뿐만 아니라 국외 기업들에게 본보기를 제공하여 기업들의 더 활발한 사회적 책임을 촉구하고 동기부여를 제공하는 기회를 마련했다는 측면에서 의미를 부여할 수 있겠다.

회의를 마감하는 중요한 결과물로서 폐회식에서 '서울선언과 행동 계획'[69]이 채택되었는데 이는 세계의 경제적 사회적 도전과제들을 해결하고, 지속가능성장을 실현하는데 참가자들이 최선의 노력을 다하겠다는 다짐과 젊은 층의 CSR 활동 참여를 적극 도모하는 내용을 담고 있다.

이 회의의 성공적 개최는 다양한 측면에서 의의가 있었다. 이 회의는 기업 지속가능성의 발전 방향에 대한 논의를 향상시키고, 2012년 6월 브라

질 리오에서 개최되는 '유엔지속가능발전 정상회의$^{Rio+20}$'에 한국 기업의 참여를 촉진하고 기여방안을 적극 논의하는 장이 마련되었다. 또한 기업들이 선도적으로 추진하고 있는 이슈인 '노조의 사회적 책임', '탄소 경영', '동반성장' 등에 대해서 국제사회에 소개하는 계기가 되었다. 특히, 이번 회의는 2011년 8·15 경축사에서 언급된 '공생발전', '상생', '공정 사회' 등 이슈와 관련, 기업 차원에서 실제적 이행을 도모하는 의미도 있었으며 한국의 '녹색성장', '녹색경제'의 주도 국가로서의 위치를 강화하는데 큰 도움이 되었다. 더 나아가 서울 G20정상회의(2010년 개최) 결과의 민간차원 이행 노력의 일환으로서, 한국의 국가 브랜드, 기업 브랜드 이미지를 제고하고, 한국의 부패/투명성 지수 개선에 기여했다고 평가할 수 있다.

동일한 맥락에서 당 회의는 한국을 기업의 사회적 책임^{CSR} 및 금융책임투자^{RI}의 한 허브로 육성하고, 기업 지속가능성의 국제적 담론에 한국이 주도적으로 기여하며 신재생 에너지, 원자력 에너지 이슈 등 국제 에너지 문제를 논의하는 중요한 계기가 되었다. 아울러 유엔글로벌콤팩트는 금번 회의를 계기로 앞으로 우리나라 젊은 층의 CSR 활동 참여를 적극 도모해 나갈 계획이다.

제 5 부 한국과 유엔글로벌콤팩트 : 유엔글로벌콤팩트 한국협회 이야기

| 제 **4** 장 |

앞으로의 계획 : Deepening and Widening

　유엔글로벌콤팩트 한국협회의 일차적인 목표는 더욱 많은 한국기업들이 유엔글로벌콤팩트에 가입하여 인권, 노동, 환경, 반부패의 가치를 기업 핵심 사업에 통합시키도록 하는데 있다. 아직까지 대기업이나 공기업 위주로 UNGC에 가입이 되어 있는데, 더 많은 국내 소재의 다국적 기업이나 중소기업들도 UNGC 및 한국협회에 가입할 수 있도록 여러가지 노력을 기울이고자 한다. 특히 지방소재 중소기업의 경우, CSR이나 UNGC에 대해 들어보지 못한 경우가 대부분이고, 들어봤더라도 어떻게 추진해야 하는지에 대해 잘 모르는 경우가 많다. 유엔글로벌콤팩트 한국협회는 대기업 부터 중소기업, 다국적기업의 국내 지사에 이르기까지 가능한 많은 기업이 유엔글로벌콤팩트라는 가치에 참여하도록 하여, 한국의 기업 사회에서 지속가능성의 가치가 더욱 깊게 그리고 널리 *deepening and widening* 전파되도록 가일층 노력할 것이다.

　또한, 아직까지는 국내 기업들의 우수사례가 유엔 및 국제 CSR 관련 홈페이지, 책자 등에 소개되지 않고 있으며, 국내 기업인들의 국제적인 CSR 룰 메이킹 참여도 쉽지않은 상황인 바, 이러한 상황의 개선에도 힘써야 할

것으로 생각된다. 유엔글로벌콤팩트는 인권, 공급망, 반부패 등 각 이슈마다 실무 그룹 working group 을 구성하여 다양한 이니셔티브를 발족하거나, 최신의 흐름을 반영하는 책자를 발간하고 있다. 하지만 국내 기업은 이러한 실무 그룹에 참여빈도가 높지 않은데, 유엔글로벌콤팩트 한국협회는 기업들이 이러한 그룹에 적극적으로 참여하고, 또 우리 기업의 우수사례가 전 세계인들이 접근하는 홈페이지나 책자에 등재될 수 있도록 촉진하는 역할을 할 것이다.

국내 기업들의 해외 진출이 활발해지는 가운데, 재외 국내기업의 지사들도 서서히 사회공헌 활동에 관심을 기울이고 있다. 유엔글로벌콤팩트는 이러한 우리 기업들의 CSR 활동에 지원을 하는 한편 기업들이 그 지역의 유엔글로벌콤팩트 로컬 네트워크와 활발한 협력을 할 수 있도록 도움을 주고자 한다. 유엔글로벌콤팩트 본부 및 주요 로컬 네트워크와 협력하여 아직 유엔글로벌콤팩트 문화가 덜 발달된 지역에서 로컬 네트워크가 활성화될 수 있도록 추진하여, 기업 지속가능성의 가치를 잇는 고리가 국내외를 막론하고 최대한 많이 이어지도록 최선의 노력을 경주할 것이다.

제 6 부
자본주의 4.0시대와 CSR의 미래

| 제 6 부 |
자본주의 4.0시대와 CSR의 미래*

지금까지 사회책임에 관한 제반 동향과 유엔글로벌콤팩트의 활동에 대하여 조명하였다. 세계의 현대역사, 특히 경제사의 발전에 있어서 자유주의와 사회주의의 양대 이념은 첨예한 대치를 반복하였다. 1992년 베를린 장벽의 붕괴는 동서 냉전의 종식을 가져왔으며 자유시장 자본주의는 완성기에 들어 그 미래가 활짝 핀 것으로 전망되었다. 이어 1995년 WTO 체제의 출범은 자유무역주의의 순항을 예고하였으나 역사의 종착점은 아직 오지 않았다. 규제 없는 자유주의는 그 이후, 금융 자본주의의 이윤추구 극대화를 낳았고, 급기야 금융공황을 초래하여 세계적으로 큰 피해를 노정했다.

세계경제의 위기를 겪으면서 자본주의는 아직도 끊임없이 보정되고 발전되어야 하는 것임을 깨닫게 하고 있다. 최근 IT 등 기술의 급속한 발전은 고용을 줄이는 형태로 나타나고 있으며, 이는 중산층의 붕괴로 이어져 사회적 불만의 큰 원인이 되고 있다.[70] 이런 정치, 사회적 배경 속에서 최근에는 기업 등 사회주체들의 사회적 책임의 이행이 더욱 강조되고 있으

---

* 작성자_ 주철기(유엔글로벌콤팩트 한국협회 사무총장)

며, 이제는 우리기업들도 좀 더 진지하게 이 문제를 수용하고 있다. 창조적 자본주의나, 기업 시민의식, 따뜻한 자본주의, 공동체 자본주의, 기업가치공유, 기업사회혁신 등의 용어가 시대적 화두로 나오고 있는 상황이다.

최근에는 자본주의의 4.0이란 핵심용어가 회자되고 있다. 아나톨 칼레스키는 그의 저서 '자본주의 4.0'에서 현대 자본주의가 4단계 발전을 거쳤다고 말한다.[71] 즉, 19세기말의 자유방임 경제시대, 1930년대 뉴딜과 유럽의 사회복지 민주주의시대, 1980년대 영국 대처수상과 미국 레이건 대통령의 주도로 재개된 자유시장주의 시대, 그리고 오늘날 우리는 금융 자본주의가 시장을 주도하는 자본주의 3.3시대를 보내고 있다하며, 이제 국제사회는 자본주의 4.0시대에 접어들어 복잡하고 불확실한 혼합적인 경제를 살고 있다고 주장한다. 그에 따르면 이 시대의 경제정책은 더욱 복잡하고 넓은 의미의 정치적 책임과 엄격한 제약의 시대이며, 정치는 금융주도의 글로벌 자본주의의 건전성을 살리면서 변화 여건에 맞추어 진화해 나가야 한다. 미국과 유럽으로 대분 되어온 자유시장 자본주의와 정부주도 사회주의간의 이분법은 잘못이라는 것이다. 각국은 유능한 정치 리더십과 능동적 정부가 필요하며, 정부 역할은 확장과 축소를 병행하여 적응해 나가야 한다. 또한 정부와 기업의 긴밀한 협력이 필요하며 경영진과 투자가들이 재정적 목표와 정치적 목표를 모두 만족시키는 방법을 모색하지 않는다면, 비즈니스에서 도태될 것이라고 경고한다. 국제적으로 성장과 자원의 한계 속에 에너지 문제의 심각성, 즉 수요증대를 따르지 못하는 에너지 부족문제, 기후변화와 탄소문제 대응 등 신성장의 모색이 필요하다는 것이다. 또한 글로벌 문제가 산적한 현 상황에서 정부, 기업간 협력의 글로벌화가 꼭 필요한 시대라고 강조한다.

이러한 주장에는 동감할 부분이 많다. 오늘날 국제경제의 현실을 분석할 때, 자본의 책임이 강조되며, 국제적 정치 리더십의 회복 및 금융부문에 지나치게 특화된 국제경제에서 제조업 등 전통산업의 위상 회복이 필요하다. 또한 WTO의 기능정상화를 중심으로 한 국제무역의 회복, 국제적 무역불균형의 균형감 회복, 국제적으로 개발문제 등 사회정의구현 문제를 다루기 위한 유엔, 정부, 시민사회와 기업간 협력의 신 가버넌스 체제가 절실한 시점으로 판단된다.

이런 가운데서도 한국은 상대적으로 정치, 경제, 사회적 발전과 문화적 중흥 면에서 비교적 잘 해나가고 있으며, 이에 대해 한국민으로서 자부심을 가져도 좋을 것이다. 한편, 국제적으로는 더욱 겸손한 가운데 보다 많은 책임과 도덕적 리더십을 제시할 때가 되었다. 정치적 민주화를 이루었으며, 1996년 선진국 클럽이라 할 수 있는 OECD에 가입한지 15여 년이 경과한 이제는 경제적 성숙을 바탕으로 하여, 가치 면에서도 우리의 정체성을 정립할 필요성이 큰 시대적 상황이다. 이에 국내적으로는 '정의란 무엇인가'에 대해 생각하며, 올바른 정의의 가치를 찾는 목마름이 우리 사회에 있다고 본다. 일부 매스컴에서는 한국이 분노의 시대를 거치고 있다고 분석하기도 한다.

과연 우리나라가 그렇게 나쁜 상황에 있는가? 정부는 그간 상생, 동반 성장과 공영발전을 강조해왔으나 정치권에서는 포퓰리즘의 논쟁과 전통적 좌·우간 구별된 이념적 대립의 잔재가 아직도 심각하다. 그러나 사회철학적으로 한국 그리고 세계가 당면한 문제를 분석하고 짚어주며, 대응책을 처방하여 국민적 대화와 토론을 주도할 국내 지식층의 선도적 노력은 미흡한 실정이다. 미디어도 한 단계 더 성찰의 깊이를 이끌 필요가 있다. 칼 레스키는 미국식 자본주의와 유럽의 사회책임적 국가정책간의 접근 필요성을 지적했지만, 우리 사회에서도 진지한 연구가 필요한 시점이 되었다고 생각한다. 실제로 현재의 사회적 갈등국면에서 이러한 이념적 접근이 시도되기도 했다.

이명박 대통령은 2011년 8·15 경축사에서 새로운 발상과 사고를 당부하면서 윤리경영, 자본의 책임, 상생번영의 시장경제의 모델을 요청하였고, 생활의 정치, 인간애와 창의성, 책임의 가치가 중심가치로 부상하고 있다고 말한 것은 옳다고 본다. 아울러 책임공유의 지속성장, 포용적 성장, 녹색성장, 친 서민공정사회, 따뜻한 공생발전, 동반성장을 강조하면서 사회적 책임의 무게를 기업에도 강조하며 사랑받고 존경받는 기업상을 강조하였다. 이러한 사회 책임에 대한 시대적 가치가 공유되면서, 정부와 지도층의 지도력과 솔선수범으로 이루어져 사회적 논의를 잘 이끌어나가야 한다. 사회의 각 주체들은 이러한 논의가 올바른 방향으로 나가도록 각자의 맡은 업무에서 가능한 기여를 해나가야 할 것이다.

제 6 부 자본주의 4.0 시대와 CSR의 미래

유엔글로벌콤팩트는 국제적 사회책임추진의 핵을 이루고 있으나, 한국에서의 유엔글로벌콤팩트 활동은 다소 늦게 시작되었다. 한국은 유엔사무총장을 배출한 나라로서 당연히 유엔글로벌콤팩트 활동이 더욱 모범적이어야 했으나, 그 출범은 다소 늦어져 2007년 9월 17일에야 한국협회가 창설되었다. 그 이후 상당한 노력의 결실로, 2012년 1월 현재 203개의 기업회원 및 단체가 유엔글로벌콤팩트에 참여하고 있다. 글로벌콤팩트 한국협회는 유엔글로벌콤팩트 본부와 협력하면서 세계 유엔글로벌콤팩트 활동무대에서 한국을 대표하고 있다. 수시로 국제관련 동향을 발굴하여 국내 회원사들에게 공급하면서 인권, 노동, 환경, 부패방지의 4대 부문 10대 원칙에 관한 국제, 국내 심포지움을 주최하고, 지속가능보고서[COP] 작성 훈련 등을 추진하고 있다. 그러한 노력의 집대성으로서 2011년 11월 21~23일 서울에서 '글로벌 CSR 컨퍼런스 2011'를 개최하여 국내외적으로 사회책임을 촉진하는 계기로 활용하였다. 그리고 이웃나라와 발맞추어 사회책임을 추진하고자, 한·중·일 글로벌콤팩트 라운드 테이블회의를 매년 순회 개최하고 있다. 또한 2011년 11월말에서 12월초까지 우리정부가 OECD와 함께 주최한 제 4차 원조효과 고위급 회의를 전경련과 함께 협조하여 민간 국제포럼을 개최하였다.

미국 발 세계경제위기는 사회책임 의식이 없이는 기업과 기업주의 행동이 세계경제를 도탄에 빠뜨릴 위험이 있음을 적실히 보여 주었다. 앞으로 금융회사는 물론 일반 기업들의 활동에 대한 국제적 관찰은 더욱 강해질것이며, 경제적 피해자가 된 시민사회는 한층 높은 차원의 기업의 사회적 책무이행을 촉구할 것이다. 우리기업들이 소극적으로 방어적인 측면에서 마지못해 사회책임을 받아드리거나 홍보적 차원의 사회공헌활동을 하는 것으로 이에 대응하려 해서는 21세기에 살아남는다고 담보할 수 없다. 오히려 전진적 자세로 사회책임문제를 의식화하고 건전한 나눔의 정신으로 과감하게 혁신을 통한 사업의 변화를 도모해 나갈 때 한국의 사회책임기업들의 밝은 미래가 보장된다고 할 수 있을 것이다.

우리 정부가 녹색성장을 표방하면서, 이제 한국의 친환경으로의 방향전환은 확실해졌다. 우리 기업들도 친환경 전략을 과감히 채택하면서 유엔글로벌콤팩트가 추진해 온 원칙 중 환경문제가 확실한 원칙으로 한국 사회에서 자리 잡고 있다. 유의할 점은 녹색경제가 성장만 생각하고 환경보전의 대의를 잊어버려서는 안 된다는 것이다. 또 하나의 유의점은 막대한 자금이 친환경요소로 배출권 시장 등에 투입되면서 개도국으로의 자금 이동과정에서 상당한 부정이 발생할 가능성을 경계해야 한다는 것이다. 유엔 등 반부패 기관이 이러한 위험성에 대해 지적을 하고 있으며 따라서 우리도 미리 이런 점에 유의해 나가야 한다. 부패는 모든 문제의 원인이 되어 사회개발을 저해하며 민주주의의 근간을 어지럽히게 한다. 그런 점에서 여전히 매스컴에 오르내리는 정치권 등의 부정사례는 안타까운 일이라고 하겠다.

최근 들어 신종 형태의 부조리와 부정이 새롭게 나타나고 있다. 이제는 시민사회가 부패를 도저히 용납하지 않는 상황임에도 그러하다. 따라서 우

제 6 부 자본주의 4.0 시대와 CSR의 미래

리 기업이 솔선수범하여 깨끗하고 투명한 기업경영을 바라는 사회적 열망에 따라 깨끗한 기업의 이미지를 높여 나가야 한다.

유엔글로벌콤팩트는 유엔 내 다른 기관 및 국제투명성기구$^{Transparency\ International}$등과 협력하여 부패방지 활동의 기본 자료와 '툴^{tool}'을 공급하고 있다. 세계적 대기업들은 그 공급체인의 회사들에 대해서 높은 투명성과 책임성을 요구하고 있으며, 이는 점차로 국제적으로 질서화되어 모두가 그러한 기준을 준수하지 않고서는 기업행위를 할 수 없게 될 것이다. 국제사회는 이러한 감시체계를 강화하기 위한 수단과 툴을 지속적으로 개발해 내고 있다. 부패적 요소에 직면하고 있는 우리 기업은 사업분야와 대기업, 중소기업여부를 막론하고 유엔글로벌콤팩트의 회원임을 제시하며, 부패의 유혹이나 압력에 대처하는 수단으로 이를 활용해야 할 것이다.

인권이나 노동기준은 우리나라가 상당한 수준에 도달해 있기에 국내적으로는 큰 문제가 될 것이 없다고 생각한다. 다만 우리나라 기업의 해외 투자회사나 자회사의 차원에서, 또 대외적 거래과정에서, 인권침해의 사례가 발견될 수 있음을 명심하여 각 회사는 관련 인권준수 지침의 하달, 관련 매뉴얼을 활용하여 감시체계를 작동시키는 등 공급망을 관리함으로써 우리 기업이 인권침해사례로 지적되어 보도되는 사례가 없도록 해야 할 것이다. 이러한 사건이 주재국에서 제기되거나 국제여론에 보도될 경우 막대한 손실을 회사에 가져오기 때문이다. 협력사와의 건전한 상생협력, 투명

협력이 요망되는 것이다. 사회책임을 잘 이행하는 기업들의 주식시장 평가가 그렇지 않은 회사들보다 더 높다는 결과물이 점점 더 많이 나오고 있는 것은 고무적이다.

2010년 말에 국제표준기구의 주도아래 사회책임의 국제적 가이드라인인 ISO 26000이 출범되었다. 동 기준은 권장 수준이지만, 기업을 포함하여 모든 사회적 조직체들이 사회책임을 이행하도록 하고 있다. 이는 앞으로 사회책임을 이행하지 않는 기업들에게는 국제사회의 압력이 더욱 가중될 이유이기도 하다. 이에 우리정부도 최근 사회책임문제에 역점을 두기 시작하고 있다. 검찰의 활동은 물론, 국민권익위원회가 부패문제 대응에, 그리고 국가인권위원회가 인권문제 대응에 힘을 쏟고 있으며 기업의 사회책임에도 관심을 쏟고 있다. 인권관련 신고자 보호도 강화되며 부패문제관련 준법감시인 배치의 필요성도 강조되고 있다. 외교통상부도 2011년 이후 예산을 신규 배정하여 우리 기업들의 해외 사회책임 이행을 돕고 있고, KOTRA 무역협회도 이러한 점에 관심을 기울이기 시작하고 있다. 기업측면에서는 지식경제부가 OCED의 국가 연락부서로서 사회책임이행에 관심을 갖고 있는데 시민사회, 기업과의 순기능적 협력이 요망된다. 또한 환경부는 환경분야 CSR에 적극적으로 참여하고 있다.

유엔글로벌콤팩트는 국제사회의 시의적 필요성에 따라 창설되었으며 앞으로 이 가치는 환경원칙 준수에 이어, 국제적 가치로 환경, 여성문제와 같은 이슈까지 확대되어 나갈 전망이다.

　유엔글로벌콤팩트가 표방하는 사회책임 가치는 비록 시간이 걸리더라도 정립하고 나가야 할 가치이며, 국내외적인 여론의 압력과도 연계되어 결국엔 사회적 주류가치로 자리 매김하게 될 것이다. 따라서 우리 기업들은 이러한 사회적 상황 변화의 추세를 명확히 인식하여, 긍정적이고 전진적으로 이러한 가치를 받아들이고 이행하며 나갈 때, 지속가능한 혁신적 기업으로 꾸준히 성장해 갈 것이다. 한번에 모든 것을 다 바꾸지는 못하고 불완전한 점이 있더라도 꾸준히 목적의식을 가지고, 점진적으로 고쳐 나갈 때 우리 기업들은 큰 요소비용 투입의 부담이 없이도 사회책임 친화적인 변신을 이룰 것이며, 우리 사회는 부정없는 깨끗한 선진사회로 발전해 갈 수 있을 것이다.

　국제 사회의 패러다임이 바뀌고 있다. 글로벌 스마트 경제의 시대에는 정부, 기업 등 사회 행위 주체들의 투명성, 책임성, 효율적 거버넌스가 더욱 요구되는 시대이다. 이러한 점에서 덴마크 등 북유럽의 국가들은 CSR의 촉진을 위한 법 제도를 도입하고 있다. 최근 영국정부는 자국에 사업장을 둔 회사들의 부패 문제를 다루기 위한 반부패법을 새로이 제정했다. 이는 미국의 반부패법과 더불어 국제적 반부패화 운동의 실질적 강제 수단이 될 전망이다. 우리 기업들은 이런 규제동향을 주목하고 미리 대비해 나가야 한다. 2011년 서울에서 개최된 G20 정상회의의 서울 선언에서 반부패를 위한 국제공조, 환경 선언 등을 한 바 있는데, 이 분야의 국제적인 공조는 앞으로 더욱 확대될 것으로 예상된다.

　기업들의 국제적 의사결정에 대한 참여도 높아지고 있다. 'Occupy Wall Street' 같은 국제적 시위운동이 일어나기도 했지만 올해 6월 중순의 리오+20 정상회의에서 국제적 정의를 요구하는 목소리는 더욱 커질 것이다. 다행히 우리나라는 이에 대한 정책전환을 올바로 시행하고 있으며, 나아가 글로벌 가치 운동을 이끌고 나갈 수 있는 국가군에 진입하고 있는 상황이다. 따라서 수동적인 태도로 일관하거나 피해의식을 갖지 말고, 의연하게 문제를 분석하고 기업경영혁신의 차원에서 대처해 나가는 능력이 필요하다. 우리는 그 동안 정치·경제·문화적 발전을 이루어 왔으며, 이제 가치의 선진화가 남은 과제이다. 우리나라는 발전경험의 선도, 경제의 유연성과 탄력성 등에 힘입어 21세기 세계를 이끄는 선도 그룹에 올라설 수 있다. 한국과 같은 중견 공업국가가 현재의 유럽 국가들 수준의 가치주도 역할을 한다면 그 결과에 대해 세계가 놀랄 것이다. 한국사회의 주체 모두가 글로벌 가치와 호흡을 함께하며, 한국사회와 세계사회의 발전에 기여해 나가기를 기대한다.

주/석

제 1 부

[1] Milton Friedman(1962). Capitalism and Freedom. University of Chicago Press.

[2] Thorne McAlister; Linda Ferrell; O.C. Ferrell(2008). Business and Society: A Strategic Approach to Social Responsibility. Houghton Miffing Company, pp. 1-40.

[3] The Lausanne Conference(1974). The Lausanne Convention.Lausanne.

[4] 경영학의 대가인 Peter Drucker는 경영효과성, 혁신성과 아울러 사회책임성을 기업에 강조.

[5] Georg Kell(2009). Foreword, UN Global Compact Annual Review 2008. UNGCO.

[6] 미국의 500대기업 조사결과, 책임경영과 행동강령준수를 강조하는 기업들의 재무성과가 좋다는 연구결과가 나왔다. 이와 관련하여 다음 논문을 참고: Shawn L. Berman; Andrew C. Wicks ; Suresh Kotha ; Thomas M.Jones(1997). Does Stakeholder Orientation matter? The Relationship between Stakeholder Management Models and Firm Financial Performance. Academy of Management Journal 40, pp. 303-319.

[7] UNPRI 홈페이지. www.unpri.org

[8] Presentation by Mr. Glen Saunders, PRI Board member from New Zealand, at Seoul Conference on SRI held in June 2009.

[9] UNEPFI 홈페이지. http://www.unepfi.org

[10] Climate Change. UN Global Compact 홈페이지. http:// www.unglobalcompact.org/Issues/Environment/Climate_Change

[11] Water Mandate. UN Global Compact 홈페이지. http://www.unglobalcompact.org/Issues/Environment/CEO_Water_Mandate

[12] UNPRME 홈페이지. http://www.unprme.org

[13] McAlister; Ferrell; Ferrell(2008). Business and Society: A Strategic Approach to Social Responsibility, pp. 405-406.

[14] GRI. Global Reporting 홈페이지. http://www.globalreporting.org/AboutGRI

[15] ISO 홈페이지. http://www.iso.org

[16] Corporate Register 홈페이지. http://www.corporateregister.com

[17] Equator Principles 홈페이지. http://www.equator-principles.com

[18] CD Project 홈페이지. http://www.cdproject.net

[19] Kate Levick(Head of Government Relations)'s statement at the Seoul CDP 2009 Breakfast Meeting of May 18, 2009.

[20] Sustainability Index 홈페이지 http://www.sustainability-index.com

[21] John A. Prestbo(Editor & executive director DJI)'s statement at Korea Productive Center Conference on "Sustainability on Economic Crisis held in Seoul on April 28, 2009

[22] FTSE 홈페이지. www.ftse.com

[23] Domini Index. KLD 홈페이지. www.kld.com/indexes/ds400index

[24] 2008년 12월 2일 개최된 인권과 사회책임 투자 국제 컨퍼런스에서 에이미 도미니 사회투자 CEO는 이와 같이 밝혔다.

[25] OECD 홈페이지. www.oecd.org

[26] 예를 들어, 1996년 대한민국이 OECD에 가입할 당시, OECD는 이 모든 요건들과 관련하여 한국에 대한 철저한 검토를 실시했다.

[27] Klaus Schwab(2008). Global Corporate Citizenship: Working With Governments and Civil Society. Foreign Affairs Vol. 87, No. 1, pp. 107-118.

[28] Michael E. Porter·Mark R. Kramer(2006). Strategy and Society: The Link between Competitive Advantage and Corporate Social Responsibility. Harvard

Business review December 2006, pp. 78-93.

29) 江橋 崇(2009). 企業の社会的責任経営―CSRとグローバル・コンパクトの可能性. 法政大学出版局.

제 2 부

30) ILO Declaration on fundamental principles and rights at work. ILO 홈페이지. http://www.ilo.org/public/english/standards/relm/ilc/ilc86/com-dtxt.htm

31) The Ten Principles. UN Global Compact Website. http://unglobalcompact.org/AboutTheGC/TheTenPrinciples/

32) Rio Declaration. UNEP Website. www.unep.org/

33) Agenda 21. UN Website. http://www.un.org/esa/dsd/agenda21/

34) Global Compact Principle 7. http://unglobalcompact.org/AboutTheGC/TheTenPrinciples/principle7.html

35) Global Compact Principle 8. http://unglobalcompact.org/AboutTheGC/TheTenPrinciples/principle8.html

36) Global Compact Principle 9. http://unglobalcompact.org/AboutTheGC/TheTenPrinciples/principle9.html

37) The CEO Water Mandate. UN Global Compact.(2011.01.07). http://unglobalcompact.org/Issues/Environment/CEO_Water_Mandate/

38) 지금까지 가입된 기업 목록. http://unglobalcompact.org/Issues/Environment/CEO_Water_Mandate/endorsingCEOs.html

39) 투명성 정책 자료: http://unglobalcompact.org/docs/issues_doc/Environment/ceo_water_mandate/Transparency_Policy.pdf

40) 워킹 컨퍼런스 자료: http://unglobalcompact.org/Issues/Environment/CEO_Water_Mandate/Working_Conferences.html

41) Caring for Climate. UN Global Compact.(2011.01.07). http://unglobalcompact.org/Issues/Environment/Climate_Change/

42) 비재무적요소들이란 환경(Environment), 사회(Social), 지배구조(Governance)를 의미하며, 이는 장기적인 투자관점에서 중요한 의미를 가지고 있다.

43) 공동 인게이지먼트 활동이란 CDP, 인권, 이머징마켓 정보공개 등 다양한 ESG 이슈에 대해서 공동으로 인게이지먼트 프로젝트를 구성하여 기업들에게 요청서를 보내고 결과를 공유하는 활동을 의미한다.

44) 주주 관점의 패러다임이란 전통적인 산업화 시대의 기업경영의 관점으로 기업의 의사결정과정에서의 합리성의 기준은 주주 이익의 배타적인 극대화만을 지향하는 것을 의미한다.

45) 이해관계자 중심의 경영패러다임이란 탈 산업화 시대의 기업경영의 관점으로 기업이 이익극대화를 지속적으로 추구하기 위해 기업의 영업활동을 둘러싼 사회의 다양한 이해관계 (예. 종업원, 소비자, 협력업체, 투자자, 지역사회, 국제사회, 자연환경 등)와의 선순환적인 상생을 지향하는 것을 의미한다. (Freeman,1984)

46) UNGC는 1991년 1월 스위스 다보스 세계경제 포럼에서 코피 아난 전 유엔 사무총장의 제창으로 설립되었고, 2006년 10월 이후엔 반기문 유엔 사무총장이 유엔의 주요 아젠다로 이를 추진할 것으로 천명하면서 우리나라의 기업들도 큰 관심을 가지고 가입하게 되었다.

47) Global Compact for Development(2010). p. 3. http://www.unglobalcompact.org/docs/issues_doc/development/A_Global_Compact_for_Development.pdf

48) Growing Inclusive Markets(2008). Creating Value for all: Strategies for Doing Business with the Poor. United Nations Development Programme, p. 15.

49) Global Compact for Development(2010), p3.

50) UN Global Compact Annual Review 2008(2009), p.44. http://www.unglobalcompact.org/docs/news_events/9.1_news_archives/2009_04_08/GC_2008AR_FINAL.pdf.

51) UN Global Compact Annual Review 2010(2011), p.32. http://www.unglobalcompact.org/docs/news_events/8.1/UN_Global_Compact_Annual_Review_2010.pdf

52) Ibid.

53) A Global Compact for Development. http://www.unglobalcompact.org/docs/issues_doc/development/A_Global_Compact_for_Development.pdf

54) 2003년 로마(1차), 2005년 파리(2차), 2008년 가나 아크라(3차)에 이어 금번 부산에서 4차 회의가 개최됨.

55) The Millennium Development Goals Report(2011). http://www.un.org/millenniumgoals/11_MDG%20Report_EN.pdf

56) 마이클 E. 포터·마크 R. 크레이머(우정이 역, 2011). '이익+사회공헌' 공유가치를 창출하라. Dong A Business Review, pp.2-15.

57) 하트(2011). 새로운 자본주의가 온다, p. 314

58) Ibid., p.361.

59) 부경복. '부패전쟁'

60) 황지혜. 글로벌 기업 '에코 협업' 활발. ETNEWS 2009년 11월 3일자. http://www.etnews.com/news/detail.html?id=200911020171

61) 제프리 홀렌더, 빌 브린. 책임혁명(Responsibility Revolution), 145 p.

62) 김동률(2010). 국가 간, 언론사 간 인식비교를 통해서 본 CSR의 정체성, 정책적 함의. 한국개발연구원, p. 34.

제 4 부

63) CSR Report 2009. Mitsui Chemical. http://unglobalcompact.org/system/attachments/2443/original/COP.pdf?1262614330

64) Lego Group Progress Report 2010. http://unglobalcompact.org/system/attachments/9560/original/110303_Progress_Report_2010_LEGO_Group_FINAL.pdf?1300120622

65) Starbucks Social Responsibility Report 2010. http://www.starbucks.com/as-

sets/goals-progress-report-2010.pdf

제 5 부

66) '상황의 변화: 아시아에서의 지속가능경영' 조인트세션 일정. 유엔글로벌콤팩트 한국협회. http://unglobalcompact.kr/22.htm?ptype=view&idx=409&page=5&code=a52

67) 2008년 6월 17일 '서울선언' 원문. 유엔글로벌콤팩트 한국협회. http://unglobalcompact.kr/22.htm?ptype=view&idx=488&page=5&code=a52

68) Global CSR Conference 2011. http://globalcsrconference.com/

69) 서울 선언문. 유엔글로벌콤팩트 한국협회. http://unglobalcompact.kr/22.htm?ptype=view&idx=1538&page=1&code=a52

제 6 부

70) Francis Fukuyama(2012). The Future of History. Foreign Affairs Vol. 91, No. 1, pp. 53-61.

71) Kaletsky, Anatole(2010). Capitalism 4.0: The Birth of a New Economy. PubliscAffairs™.

참/ 고/ 문/ 헌

1. 단행본

- 고어, 앨(이창주 역, 1994). 위기의 지구. 도서출판 삶과 꿈.
- 국가인권위원회(2009). 기업인권경영 모범사례 연구 및 자가진단도구개발. 보람문화사.
- 국가인권위원회(2011). 기업과 인권: 유엔 정책프레임워크 및 ISO 26000 분석. 도서출판 한학문화.
- 국가인권위원회; 유엔글로벌콤팩트 한국협회; 한국인권재단(2009). 유엔글로벌콤팩트 인권원칙과 인권통합경영에 관한 기업간담회. 도서출판 한학문화.
- 국가인권위원회; 유엔글로벌콤팩트 한국협회; 한국인권재단(2010). 2010년 기업과 인권 포럼 보고서_ 인권 경영의 이해. ㈜인디엔피.
- 김동률(2010). 국가 간, 언론사 간 인식비교를 통해서 본 CSR의 정체성, 정책적 함의. 한국개발연구원.
- 김수종, 문국현, 최열(2007). 지구 온난화의 부메랑: 황사에 갇힌 중국과 한국. 환경재단 도요새.
- 김영기(2011). 노동조합의 사회적 책임(USR)과 조직성과. aSSIST 서울과학종합대학원.
- 라킨 닉·슈벨, 베로니카(강주현·김정수 역, 2011). 지역과 상생하는 기업핵심전략. 생각비행.
- 리프킨, 제레미(김명자·김건 역, 1999). 21세기의 새로운 세계관. 두산동아.
- 부경복(2011). 부패전쟁: 삼성이 초일류기업이 될 수 없는 이유. 프리스마.
- 사울, 제이슨(안젤라 강주현 역, 2011). CSR 3.0. 도서출판 청년정신.
- 시소디어, 라젠드라; 울프, 데이비드; 세스, 잭디시(권영설 역, 2008). 위대한 기업을 넘어 사랑받는 기업으로. 럭스미디어.
- 안치용(2008). 지식을 거닐며 미래를 통찰하다: 미래를 읽는 지식 트렌드 9가지. 리더스북.
- 에드워즈, 안드레스 R.(오수길 역, 2005). 지속가능성 혁명. 시스테마.
- 요네야마 히데타카(이중훈 역, 2006). 그림으로 이해하는 알기 쉬운 CSR. 한국표준협회 미디어.

- 유누스, 무함아드(김태훈 역, 2008). 가난 없는 세상을 위하여. 물푸레.
- 이근우(2007). 경제학 프레임: 세상의 본질을 꿰뚫는 통찰력. 웅진윙스.
- 이부키 에이코(구계원 역, 2006). 사랑받는 기업의 조건. 매일경제신문사.
- 조동성(2007). 지속(가능)경영: "지속경영보고서" 작성을 위한 지침. 서울경제경영.
- 최혁준(2010). 창조적 자본주의. ㈜디프넷 도서출판 이안에.
- 칼레츠키, 아나톨(위선주 역, 2011). 자본주의 4.0. 컬처앤스토리.
- 코틀러, 필립(안진환 역, 2010). 마켓 3.0: 모든 것을 바꾸어 놓을 새로운 시장의 도래. 타임비즈.
- 크래머, 아론·카라벨, 자카리(이진원 역, 2011). 서스테이너블 액설런스. 더난출판사.
- 투명회협약실천협의회 편역(2006). 사회협약의 연금술: 유럽의 경험과 교훈. 도서출판 산문.
- 프라할드, C.K.(유호현 역, 2006). 저소득층 시장을 공략하라. 럭스미디어.
- 프리드먼, 토머스(최정임·이영민 역, 2008). 코드그린: 뜨겁고 평평하고 붐비는 세계. (주)북이십일 21세기북스.
- 하트, 스튜어트 L.(정상호 역, 2011). 새로운 자본주의가 온다. 럭스미디어.
- 한국노동조합총연맹·국제노동협력원. 고용위기와 양질의 노동실현 방안에 관한 한국노총 국제정책 세미나. 2009년 FKTU International Seminar 자료.
- 한겨레경제연구소(2011). 사회적기업을 어떻게 경영할 것인가: 경영사례집 1. 도서출판 아르케.
- 한겨레경제연구소(2011). 아시아 미래 포럼 리포트 기업의 진화. 한겨레출판.
- 한겨레경제연구소 엮음(2008). 새로운 미래 사회적 기업: 사회적 기업가정신과 경영전략 사례. 한겨레경제연구소.
- 한국사회책임투자포럼(2008). 2007 한국사회책임투자백서 사회책임투자 지속가능한 미래를 열다: 투자 수익 올리며 좋은 세상 만들기. (주)북이십일 21세기북스.
- 해링턴, 조나단(양춘승 옮김, 2011). 기후 다이어트. 호이테북스.
- 해성국제문제윤리연구소 편(2011). 기업의 사회적 책임에 대한 국제법적 조명. 도서출판 오름.
- 허승호 외(2004). 윤리경영이 온다. 동아일보사.
- 헨더슨, 헤이즐(정현상 옮김, 2008). 그린 이코노미-지속 가능한 경제를 향한 13가지 실

천. 도서출판 이후.
- 홀렌더, 제프리·브린, 빌(손정숙 역, 2011). 책임혁명: 사회적 책임을 다하는 기업이 살아남는다. 프리뷰.
- Bornstein, David(2007). How to Change the World. Oxford University Press.
- Business & Human Rights Intiative(2010). How to Do Business with Respect for Human Rights: A Guidance Tool for Companies. The Hague: Global Compact Network Netherlands.
- Chen Ying(2009). Theory and Practice of Corporate Social Responsibility. Economy & Management Publishing House.
- Desjardins, Joseph(2009). An Introduction to Business Ethics Third Edition. MacGraw-Hill.
- Carroll, Archie B., and Buchholtz, Ann K.(2006). Business & Society: Ethics and Stakeholder Management. Thomson South-Western.
- Ed. by Kaiser, Thomas; Kronen, Daniel; Risch, Susanne(2008). Where does responsibility start?: A Book of Questions. Brand eins Verlag.
- Ed. McIntosh, Malcolm; Waddock, Sandra; Kell, Georg(2007). The Journal of Corporate Citizenship Issue 26.
- Freeman, R. Edward(1984). Strategic Management: A Stakeholder Approach. Pitman.
- Epstein, Marc J.(2008). Making Sustainability Work: Best Practices in Managing and Measuring Corporate Social, Environmental, and Economic Impacts. Berrett-Koehler.
- Friedman, Milton(1962). Capitalism and Freedom. University of Chicago Press.
- Growing Inclusive Markets(2008). Creating Value for all: Strategies for Doing Business with the Poor. United Nations Development Programme.
- Harvard Business School Publishing Corporation(2003). Harvard Business Review on Corporate Responsibility. Harvard Business School Press.
- Hrg. Ziemek, Marc(2008). Soziale Marktwirtschaft in Deutschland und die

Politik der neuen Regierung in Korea. Konrad Adenauer Stiftung.
- JCI(2007). Unified Through Action: JCI and the United Nations. Junior Chamber International.
- Kell, Georg(2009). Foreword, UN Global Compact Annual Review 2008. UNGCO.
- Makower, Joel(ed. Pike, Cara, 2009). Strategies for the Green Economy: Opportunities and Challenges in the New World of Business. McGraw-Hill.
- McAlister, Thorne; Ferrell, Linda; Ferrell, O.C.(2008). Business and Society: A Strategic Approach to Social Responsibility. Houghton Miffing Company.
- Monitor Group(2008). Emerging Martkets. Emerging Models.
- Tarr-Welan, Linda(2011). Women Lead the Way: Your Guide to Stepping Up to Leadership and Changing the World. Berett-Koehler.
- The Global Compact(2008). Embedding Human Rights in Business Practice II. The United Nations Global Compact Office.
- The Lausanne Conference(1974). The Lausanne Convention.
- The United Nations Global Compact(2007). Barcelona Center for the Support of the Global Compact Activity Report 2007: Speak with Passion, Change Things. Fundació Fòrum Universal de les Culutres.
- The United Nations Global Compact(2006). Barcelona Center for the Support of the Global Compact Activity Report 2006: Towards a Corporate Citizenship. Fundació Fòrum Universal de les Culutres.
- The United Nations Global Compact(2004). Embedding Human Rights in Business Practice. The United Nations Global Compact Office.
- UNDP(2008). Creating Value for All: Strategies for Doing Business with the Poor. United Nations Developent Program.
- UN Global Compact(2011). Global Compact International Yearbook 2011. Macondo.
- United Nations Environment Programme(2006). Strategic Approach to International Chemicals Management: SAICM texts and resolutions of the International Conference on Chemicals Management.

- Van Marrewijk, Marcel(2004). Concepts and Definitions of CSR and Corporate Sustainability. Kluwer Academic Publishers.
- 江橋 崇(2008). グローバル・コンパクトの新展開. 法政大学出版局.
- 江橋 崇(2009). 企業の社会的責任経営―CSRとグローバル・コンパクトの可能性. 法政大学出版局.
- 江橋 崇(2011). 東アヅアのCSR 国連グローバル・コソパクトの新チャレンジ. 法政大学出版局.

2. 논문 및 기사

- 주철기(2009). [열림마당] 경쟁력있는 한국 '그린코드'. 매일경제(2009.05.13). Available at http://news.mk.co.kr/newsRead.php?year=2009&no=276686
- 주철기(2009). [왜냐면] 코펜하겐의 교훈과 그이후. 한겨레(2009.12.27). Available at http://www.hani.co.kr/arti/opinion/because/395633.html
- 주철기(2010). 다자외교의 신패러다임 – 유엔과 기업간 신협력의 시대. 외교95호, pp. 72-78
- 주철기(2011). 자랑스러운 한국 사회의 공생 발전을 위하여. 중앙공무원교육원 Vol. 61.
- 주철기(2011). [기고] 동아시아 원전협력기구 만들어야. 메일경제(2011.04.15). Available at http://news.mk.co.kr/newsRead.php?year=2011&no=240931
- 주철기(2011). [편집자에게] 우리 기업도 눈 돌려야 할 '인권존중 경영'. 조선일보(2011. 10.25). Available at http://news.chosun.com/site/data/html_dir/2011/10/05/2011100502739.html
- 포터, 마이클 E.·크레이머, 마크 R.(우정이 역, 2011). '이익+사회공헌' 공유가치를 창출하라. Dong A Business Review, pp. 2-15.
- 황지혜. 글로벌 기업 '에코 협업' 활발. ETNEWS(2009. 11. 3). Available at http://www.etnews.com/news/detail.html?id=200911020171
- Berman, Shawn L.; Wicks, Andrew C.; Kotha, Suresh; Jones, Thoma M.(1999). Does Stakeholder Orientation matter? The Relationship between Stakeholder Management Models and Firm Financial Performance. Academy of Management

Journal Vol. 42, No. 5, pp. 488–506.
- Fukuyama, Francis(2012). The Future of History. Foreign Affairs Vol. 91, No. 1 pp.53–61.
- Kaletsky, Anatole(2010). Calitalism 4.0 : The Birth of a New Economy. PublicAffairs™.
- Ju, Chul-ki(2011). Promoting Corporate Social Responsibility. The Korea Times(2011. 04. 13). Available at http://www.koreatimes.co.kr/www/news/opinon/2011/04/160_85118.html
- Lego Group Progress Report 2010. Available at http://unglobalcompact.org/system/attachments/9560/original/110303_Progress_Report_2010_LEGO_Group_FINAL.pdf?1300120622
- Pfeffer, Jeffrey(2009). Shareholders First? Not So Fast....Harvard Business Review Vol. 87 No. 7, pp. 90–97.
- Porter, Michael E.·Kramer, Mark R.(2006). Strategy and Society: The Link between Competitive Advantage and Corporate Social Responsibility. Harvard Business Review December 2006.
- Schwab, Klaus(2008). Global Corporate Citizenship: Working With Governments and Civil Society. Foreign Affairs Vol. 87, No. 1, pp. 107–118.
- Starbuck Social Responsibility Report 2010. Available at http://www.starbucks.com/assets/goals-progress-report-2010.pdf
- The Millennium Development Goals Report 2011. Available at http://www.un.org/millenniumgoals/11_MDG%20Report_EN.pdf

3. 웹사이트

1) 국제기구 및 단체
- Business Action for Sustainable Development. http://basd.free.fr
- Business Call to Action. http://www.businesscalltoaction.org

- Business.un.org. http://business.un.org/en
- CEO Water Mandate. http://ceowatermandate.org/
- Equator Principles. http://www.equator-principles.com
- Ethics & Compliance Officer Association. http://www.theecoa.org/iMIS15/ECO-APublic/
- Global CSR Conference. http://www.globalcsrconference.com/ko/overview/overview2.asp
- Global Reporting Initiative. https://www.globalreporting.org/Pages/default.aspx/
- ILO. http://www.ilo.org
- International Organization for Standardization. http://www.iso.org
- Transparency International. http://www.transparency.org
- UNGC Leaders Summit 2010. http://www.leaderssummit2010.org/
- UN Global Compact. http://www.unglobalcompact.org
- UN Global Compact Korea. http://www.unglobalcompact.kr
- United Nations. http://www.un.org
- United Nations Environment Programme. http://www.unep.org
- United Nations Conference on Sustainable Development Rio+20. http://www.uncsd2012.org/rio20/
- UNPRI. www.unpri.org
- UNPRME. www.unprme.org
- International Business Leaders Forum. http://www.iblf.org
- Just Means. http://www.justmeans.com
- Oxfam. http://www.oxfam.org

2) 학술 기관 및 연구소
- Boston College Center for Corporate Citizenship. http://www.bcccc.net
- Conscious Capitalism Institute. http://consciouscapitalism.org/institute/
- Harvard Kennedy School Corporate Social Responsibility Initiative. http://www.

hks.harvard.edu/m-rcbg/CSRI/
- The Earth Institute Columbia University. http://www.earth.columbia.edu/articles/view/1804
- Yale Center for Business and the Environment. http://cbey.research.yale.edu/

3) 기타

- Business for Social Responsibility. http://www.bsr.org
- Carbon Disclosure Project. https://www.cdproject.net/en-US/Pages/HomePage.aspx
- CorporateRegister.com. http://www.corporateregister.com
- Domini Index. http://www.domini.com/
- Dow Jones Sustainability Indexes. http://www.sustainability-index.com
- FTSE. http://www.ftse.com
- Growing Inclusive Markets. http://www.growinginclusivemarkets.org/
- World Business Council for Sustainable Development. http://www.wbcsd.org/home.aspx

4. 기타

- Presentation by Mr. Glen Saunders, PRI Board member from New Zealand at Seoul Conference on SRI held in June 2009.
- Kate Levick(Head of Government Relations)'s statement during the Seoul CDP 2009 Breakfast Meeting of May 18, 2009.
- John A. Prestbo(Editor & executive director DJI)'s statement during Korea Productive Center Conference on "Sustainability on Economic Crisis in Seoul 28 April 2009.
- Presentation by Madame Domini at the Conference on Human rights and CSR in 2008 in Seoul.